总 策 划：许　琳

总 监 制：夏建辉　王君校

监　　制：韩　晖　张彤辉　顾　蕾　刘根芹

主　　编：吴中伟

编　　者：吴中伟　吴叔平　高顺全　吴金利

修　　订：耿　直

顾　　问：陶黎铭　陈光磊

Dāngdài Zhōngwén

当代中文
修订版

Contemporary Chinese
Revised Edition

Liànxícè

练习册
4

EXERCISE BOOK
Volume Four

主　编：吴中伟

编　者：吴中伟　吴叔平

　　　　高顺全　吴金利

翻　译：Christina P. Chen

　　　　Catharine Y. Chen

译文审校：Jerry Schmidt

华语教学出版社
SINOLINGUA

First Edition 2003

Revised Edition 2015

Second Printing 2015

ISBN 978-7-5138-0835-4

Copyright 2015 by Confucius Institute Headquarters (Hanban)

Published by Sinolingua Co., Ltd

24 Baiwanzhuang Road, Beijing 100037, China

Tel: (86)10-68320585, 68997826

Fax: (86)10-68997826, 68326333

http://www.sinolingua.com.cn

E-mail: hyjx@sinolingua.com.cn

Facebook: www.facebook.com/sinolingua

Printed by Beijing Jinghua Hucais Printing Co., Ltd

Printed in the People's Republic of China

Mùlù 目录 Contents

Unit 1 | Gōngzuò De Yìyì
工作 的 意义
Meaning of Work

 练习一

1. 朗读下列词语。
Read aloud the following words and phrases.

有名 / 没名	有钱 / 没钱	有劲 / 没劲	有理 / 没理
有水平 / 没水平	有意思 / 没意思	有能力 / 没能力	
有经验 / 没经验	有志气 / 没志气	有好处 / 没好处	
有兴趣 / 没兴趣	有希望 / 没希望	有知识 / 没知识	
有文化 / 没文化	有感情 / 没感情	恶化	深化	老化
美化	简化	绿化	退化	进化	转化	商品化
中国化	工业化	城镇化	

2. 替换对话。
Substitution drills.

（1）A：一起去<u>南京</u>玩玩儿，怎么样?

B：不行啊，我明天还得<u>加班</u>。

北京	上课
上海	上班
纽约	做作业
东京	工作

（2）A：老赵，你也<u>加班</u>?

　　B：我倒是想<u>加班</u>，可没地方<u>加</u>。

上班	上班	上
在学汉语	学汉语	学
去打篮球	打篮球	打
发电子邮件	发电子邮件	发

（3）A：你干吗不想<u>当经理</u>?

　　B：我对<u>当经理</u>不感兴趣。

当老师	当老师
学西班牙语	学西班牙语
打篮球	打篮球
结婚	结婚

 练习二

1. 辨字组词。

Fill in the blanks to form words or phrases.

影 ＿＿＿＿＿＿　　　　惊 ＿＿＿＿＿＿

拼 ＿＿＿＿＿＿　　　　择 ＿＿＿＿＿＿

调 ＿＿＿＿＿＿　　　　确 ＿＿＿＿＿＿

选 ＿＿＿＿＿＿　　　　进 ＿＿＿＿＿＿

炒 ＿＿＿＿＿＿　　　　吵 ＿＿＿＿＿＿

2. 写出下面词语的反义词。

Write the antonyms of the words below.

增加 ＿＿＿＿＿＿　　　　强 ＿＿＿＿＿＿

南方 ＿＿＿＿＿＿　　　　有意思 ＿＿＿＿＿＿

3. 选词填空。

Choose the correct word(s) to fill in each blank.

什么　　怎么　　那么

（1）星期天还上 _____ 课？

（2）我想去看看他是 _____ 上课的。

（3）我真不明白，你为 _____ 要 _____ 干？

（4）你 _____ 有钱，干吗还 _____ 拼命？

（5）_____ 啦，又被老板炒鱿鱼了？

倒是　　可是　　老是

（6）这个学生 _____ 迟到，老师对他不太满意。

（7）东西不错，_____ 太贵了。

（8）聪明 _____ 挺聪明的，却不怎么努力。

4. 给括号里面的词选择一个合适的位置。

Choose the correct place in each sentence for the given word(s).

（1）你 A 买的这件新衣服 B 不错，很 C 好看，而且也不 D 贵。（确实）

（2）A 喜欢 B 为别人服务的人 C 百分之四 D。（只有）

（3）A 努力 B 学习，C 才能取得 D 好成绩。（只有）

（4）选择为自己 A 能当老板 B 努力 C 工作的人 D 却很少。（而）

（5）你 A 不 B 去上海 C 学习汉语 D？（干吗）

5. 组词成句。

Make a sentence by placing the given words in the correct order.

（1）上海　受　最大　中国　西方　影响　的　是　之一　城市

（2）准备　我们　去　玩玩儿　北京　再

（3）你　我　真是　要命　要钱　不　看

（4）对　马克　兴趣　总统　感　当　很

（5）是　漂亮　我　漂亮　不贵　可是　也　价钱　不喜欢

6. 仿照例句，用"干吗"改写下面的句子。

Rephrase these sentences using 干吗 according to the example.

例：你为什么不学习汉语？→ 你干吗不学习汉语？

（1）你们上个星期去纽约干什么？

（2）这是我自己的事儿，为什么要告诉你呢？

（3）老板为什么炒你的鱿鱼？

（4）他也是你们老师，为什么不去问他？

7. 用所给的词填空。

Fill in the blanks using the given words.

已经　　总是　　就是　　本来　　得　　干吗

明天是周末，___（1）___想跟老同学一起去外面玩玩儿，可阿伟说他明天还

　　（2）加班，真是没办法。

　　有时候，我真是搞不懂他们。就说阿伟吧，他　（3）　是公司的大老板了，　（4）　还要那么拼命呢？世界上的钱哪能赚得完呢？我说他要钱不要命，他还不高兴呢！

　　再看看学东，他　（5）　跳槽 (tiàocáo, change one's job)。跳来跳去的，在哪家公司都待不长，一会儿被老板炒了，一会儿又炒了老板，真不知道他在想些什么。

　　当然，他们也不理解我，问我当老师有什么好。其实，我也说不上当老师好在哪儿，喜欢　（6）　喜欢，好像也没什么理由 (lǐyóu, reason)。

练习三

1. 听力理解。
Listening comprehension.

根据听到的内容，判断对错：

Decide whether these statements are true or false based on the recording you hear.

① 老李和老赵明天都要加班。　　　　　　　　　　　　（　　）

② 老李的公司来了新老板，所以老李要和老板一起去玩儿。（　　）

③ 事儿多，收入也多。　　　　　　　　　　　　　　　（　　）

④ 老赵每个周末都要去上海。　　　　　　　　　　　　（　　）

⑤ 老赵的爱人可能是一位老师。　　　　　　　　　　　（　　）

⑥ 他们觉得上海没有很多好学校。　　　　　　　　　　（　　）

2. 口语表达。

Oral practice.

（1）互相问答：你喜欢什么样的工作？为什么？

Question and answer drill with your classmates: What kind of jobs do you enjoy doing? Why?

（2）讨论：你认为人应该为什么工作？为了工资？为了兴趣？还是为了……？

Discuss: What reason(s) do you think one should work for? For a salary? For one's interests? What else?

3. 阅读理解。

Reading comprehension.

　　我们公司人本来就很少，自从中国加入世界贸易组织（WTO）以来，业务量有了明显的增加，我们加班也就成了家常便饭。最近一段时间，我的工作量增加了一倍，加班费虽然挺多，可是我不想加班——我实在受不了了！但是，我们要是不加班，事情做不完，老板肯定不高兴。昨天，我的两个同事终于受不了了，他们先后住进了医院，于是，老板就让我同时接下了他们两个人的工作，一个人干三个人的活！我整个人都要累病了。你说我该怎么办呢？我问了几位朋友，他们各有各的说法。

　　有人说："叫你们老板再招聘一些人嘛！"

　　有人说："我们公司也是，连办公桌都不愿意增加，不要说人了。你就再忍一忍吧！"

　　有人说："有些公司就是小气，我绝对不去这样的公司做事。你还是赶快辞职吧!"

　　有人说:"有活儿干,多赚点钱没什么不好啊!"

　　有人说:"太累人的工作还是算了吧!如果是我的话,就拒绝加班,炒了老板。"

补充词语:

Supplementary words:

(1)世界贸易组织　Shìjiè Màoyì Zǔzhī　WTO (World Trade Organization)

(2)业务量　　　　yèwùliàng　　　　　business volume

(3)家常便饭　　　jiācháng biànfàn　routine; common occurrence

(4)工作量　　　　gōngzuòliàng　　　amount of work; work load

(5)先后　　　　　xiānhòu　　　　　　one after another; successively

(6)招聘　　　　　zhāopìn　　　　　　to recruit; solicit applications for a job

(7)辞职　　　　　cízhí　　　　　　　to resign

根据短文内容,判断下面的说法是否正确。

Decide whether these statements are true or false according to the passage above.

(1)我们公司人特别多。　　　　　　　　　　　　(　　)

(2)我们常常加班。　　　　　　　　　　　　　　(　　)

(3)我们加班很多,但加班费很少。　　　　　　　(　　)

(4)老板不喜欢让我们加班。　　　　　　　　　　(　　)

(5)我的两个同事都累病了。　　　　　　　　　　(　　)

(6)大家都让我忍一忍,不要辞职。　　　　　　　(　　)

(7)大家都认为只要能多赚钱,就算是好工作。　　(　　)

4. 语段写作。

Writing exercise.

把你对工作的看法写下来。

Write a paragraph relating your views on different kinds of employment.

Learning how to stir-fry squid

Squid is often braised, roasted, stewed, fried and stir-fried before being served as a delicious dish, amongst which stir-fried squid is a well-known delicacy.

The heat from the process of stir-frying squid causes the meat to roll up like a circle, which is seen as similar to the dismissing of an employee by their boss since the employee has to bundle things up and leave. Therefore, "to stir-fry squid" (chaoyouyu) in colloquial language is often used to indicate being fired, though nowadays the employee can also "fire" the boss by quitting.

Please learn to cook this Chinese dish with the help of your teacher.

Unit 2 | Rén De Wèntí
人 的 问 题
Human Problem

 练习一

1. 朗读下列词语。

Read aloud the following words and phrases.

受影响	受欢迎	受感染	受批评	受不了
受得了	头疼得很	难过得很	高兴得很	喜欢得很
漂亮得很	满意得很	同事	同屋	同伴
同桌	同窗好友	同班同学	老领导	老朋友
老同事	老同学	人际关系	校际交流	国际关系
国际比赛	州际道路	站起来	想起来	说起来
看起来	笑了起来	唱了起来	哭了起来	

2. 替换对话。

Substitution drills.

（1）A：让你失望了吧。

　　　B：哪儿的话。

难过	头疼
不舒服	着急

（2）A：你一定要<u>做完</u>吗？

　　　B：是啊，我非<u>做完</u>不可。

走	走
辞职	辞职
炒他的鱿鱼	炒他
解雇他	解雇他

（3）A：你别<u>理他们</u>不就完了？

　　　B：不<u>理</u>怎么行？

说他们	说
吃那么多	吃
去	去
做	做

 练习二

1. 辨字组词。

Fill in the blanks to form words and phrases.

失 ＿＿＿＿＿＿＿　　　　夫 ＿＿＿＿＿＿＿

处 ＿＿＿＿＿＿＿　　　　外 ＿＿＿＿＿＿＿

际 ＿＿＿＿＿＿＿　　　　标 ＿＿＿＿＿＿＿

起 ＿＿＿＿＿＿＿　　　　赶 ＿＿＿＿＿＿＿

2. 找出下面词语的反义词。

Draw lines between the antonyms from these two columns of words.

（1）反面　　　　　A. 上岗

（2）好办　　　　　B. 新同学

（3）下岗　　　　　C. 难办

（4）老同学　　　　D. 正面

3. 选词填空。

Choose the correct word(s) to fill in each blank.

以为　　认为

（1）我一直_____当老板比当老师好，现在还是这么想。

（2）你干吗不给我打电话？我还_____你不理我了呢。

（3）我还_____是什么事儿呢，这么着急，原来就这么点儿事儿啊。

（4）我_____兴趣比金钱重要得多。

4. 给括号里面的词选择一个合适的位置。

Choose the correct place in each sentence for the given word(s).

（1）他不 A 可能 B 知道世界地图 C 怎么 D 回事儿。（是）

（2）你是 A 老板，B 想 C 炒谁的鱿鱼 D 炒谁的鱿鱼。（就）

（3）A 他于是 B 就 C 我给他的那张地图 D 撕成很小很小的碎片。（把）

（4）人的问题 A 解决了，B 别的问题 C 就好办了 D。（也）

（5）她 A 终于 B 把爸爸撕 C 碎的那张世界地图拼 D 了。（好）

（6）A 我们每天 B 有 C 很多 D 工作要做。（都）

5. 组词成句。

Make a sentence by placing the given words in the correct order.

（1）地图　明星　照片儿　电影　的　的　反面　世界　一个　是

（2）喜欢　他　别人　给　总是　难题　出

（3）关系　难　了　专业　处理　人际　比　搞　多

（4）没想到 我 你 是 是 以为 谁 呢 还

（5）要 你 怎么 走 还 出国 听说 没 啊 了

6. 仿照例句，用"……得很"改写下面的句子。
Rephrase these sentences using the ... 得很 pattern according to the example.

例：他女朋友很漂亮。→ 他女朋友漂亮得很。

（1）老师的字写得非常清楚。

（2）这件衣服很漂亮，但是也很贵。

（3）我女儿非常聪明。

（4）他们对这件事都很满意。

7. 用所给的词填空。
Fill in the blanks using the given words.

不错　得罪　很　可能　什么　难怪　最近　就

刘天明是我的老同学，听说他混（hùn, muddle along）得__（1）__，而且还当了官儿。可他自己却说，校长不算__（2）__官儿，而且还头疼得__（3）__。

我不知道他说的是不是真的，不过，他们单位__（4）__在搞改革，__（5）__要让一些人下岗，那可真是一件__（6）__人的事儿。你想，谁想下岗啊？再说，他们又不能像我一样，想炒谁的鱿鱼__（7）__炒谁的鱿鱼。看来，天明的这道难题还真挺难解决呢。

    （8）天明说他明天要去辞职。

8. 用括号里的词或短语改写句子。

Rephrase the sentences using the words and phrases in the brackets.

    （1）你是老板，可以解雇你的每一个员工。（谁……谁……）

    （2）他请我去吃饭，我一定要去。（不……怎么行）

    （3）你要是觉得衣服太贵，你可以不买。（……不就完了？）

    （4）你做得好，我才陪你玩。（如果……就……）

    （5）学习英语不太难，学习汉语非常难。（……比……多了）

    （6）他总是喜欢给别人增加困难。（出难题）

1. 听力理解。

Listening comprehension.

根据对话，选择正确的答案：

Listen to the conversation, and then choose the correct answer to each question.

①   A. 很失望   B. 去哪儿

       C. 说什么话   D. 一点也不失望

②   A. 作业很多   B. 作业不多

       C. 做作业很麻烦   D. 做作业不麻烦

③   A. 一定要做   B. 可以不做

       C. 不做也行   D. 不做怎么样？

④   A. 认为衣服不漂亮   B. 当然很喜欢这件衣服

       C. 不喜欢这件衣服   D. 不喜欢漂亮的衣服

⑤   A. 我不是校长，我不管。

       B. 我是校长，当然由我来决定。

       C. 你是校长，当然由你来决定。

       D. 我不知道什么时候走。

⑥   A. 认为这儿不漂亮   B. 不喜欢这个地方

       C. 当然喜欢住在这儿   D. 不愿意住在这儿

2. 口语表达。

Oral practice.

（1）互相问答：课文中的小女孩儿几岁了？她是怎么拼好世界地图的？

Question and answer drill with your classmates: How old is the girl in the text? How did she piece together the world map?

（2）讨论：你觉得人际关系难处理吗？为什么？

Discuss: Do you think human relationships are very hard to deal with? Why or why not?

3. 阅读理解。
Reading comprehension.

> 人际关系指的就是人和人之间的关系。人在社会中不是孤单的，人际交往是人类社会中非常重要的一部分，人的许多需要都是在人际交往中得到满足的。如果人际关系不顺利，人就会感到孤单；如果有良好的人际关系，人就能得到心理上的满足。
>
> 要想建立良好的人际关系，就要在社会生活中了解和掌握以下人际交往的一般原则：
>
> （1）平等原则。要用平等的态度对待别人，不要自以为高人一等。
>
> （2）忍让原则。要理解别人，不能要求别人什么都跟自己一样。
>
> （3）互利原则。就是要对双方都有好处，满足双方不同的需要。
>
> （4）信用原则。对别人要诚实，要讲信用。

补充词语：

Supplementary words:

（1）社会	shèhuì	society
（2）孤单	gūdān	lonely, alone
（3）交往	jiāowǎng	contact, association

（4）得到	dédào	to gain, to obtain
（5）满足	mǎnzú	satisfaction
（6）顺利	shùnlì	successful, smooth
（7）良好	liánghǎo	good, well
（8）心理	xīnlǐ	psychology, mentality
（9）建立	jiànlì	to establish; set up
（10）掌握	zhǎngwò	to master, to grasp
（11）原则	yuánzé	principle
（12）平等	píngděng	equality
（13）忍让	rěnràng	forbearance
（14）互利	hùlì	mutual benefit
（15）信用	xìnyòng	trustworthiness

根据短文内容，判断下面的说法是否正确：

Decide whether these statements are true or false according to the passage above.

（1）人际关系指的就是人和社会的关系。 （　　）

（2）人在社会中往往是孤单的。 （　　）

（3）人的很多需要都是在人际交往中得到满足的。 （　　）

（4）人际关系很顺利，人就会觉得孤单。 （　　）

（5）要想建立好的人际关系，必须掌握四个原则。 （　　）

4. 语段写作

Writing exercise.

以女儿的口气把课文二改写为：《爸爸让我拼地图》。

Rewrite Text 2 of this lesson in the daughter's voice, using the title, "Daddy asked Me to Piece Together a Map".

 练习四

Seven-piece puzzle

The seven-piece puzzle is a traditional Chinese game. It is composed of seven pieces with three shapes: triangle, square and rectangle, which can be joined together in different ways to form various images. The seven-piece puzzle is an interesting traditional Chinese game and is conducive to the development of intelligence and creativity in childhood. With the help of the teacher, students can try to make and piece together a seven-piece puzzle.

Unit 3 | Shàng Yǒu Lǎo Xià Yǒu Xiǎo
上 有老下有小
The Sandwich Generation

 练习一

1. 朗读下列词语。
   Read aloud the following words and phrases.

上着玩儿	说着玩儿	写着玩儿	看着玩儿
学着玩儿	画着玩儿	双方	男方
女方	我方	对方	东方
西方	南方	北方	四方
俩孙子	俩儿子	你们俩	我们俩
他们俩	兄弟俩	姐妹俩	受罪
受累	受苦	受穷	受气
受欢迎	还挑什么车哪	还吃什么饭哪	还听什么音乐哪

   还看什么电影哪

2. 替换对话。
   Substitution drills.

   （1）A：您真有<u>福气</u>呀。

   B：有什么<u>福气</u>? <u>受罪</u>的命。

钱	钱	穷
福气	福气	累

（2）A：这么大年纪了还<u>上什么大学</u>？

　　B：<u>上</u>着玩儿呗。

学什么汉语	学
画什么画儿	画
开什么车	开

（3）A：在那儿能<u>学</u>什么？

　　B：想<u>学</u>什么就<u>学</u>什么。

玩儿	玩儿	玩儿
干	干	干
说	说	说
看	看	看
做	做	做

 练习二

1. 辨字组词。

Fill in the blanks to form words and phrases.

受 ＿＿＿＿＿＿＿　　　　　爱 ＿＿＿＿＿＿＿

眼 ＿＿＿＿＿＿＿　　　　　很 ＿＿＿＿＿＿＿

夫 ＿＿＿＿＿＿＿　　　　　失 ＿＿＿＿＿＿＿

加 ＿＿＿＿＿＿＿　　　　　另 ＿＿＿＿＿＿＿

2. 找出下面词语的反义词。

Draw lines between the antonyms from these two columns of words.

（1）同意　　　　　　　A. 生

（2）男方　　　　　　　B. 己方

（3）对方　　　　　　　C. 女方

（4）死　　　　　　　　　　D. 抵达

（5）出发　　　　　　　　　E. 反对

3. 选词填空。

Choose the correct word(s) to fill in each blank.

老　老年　老伴儿　老人

（1）早上，公园里有很多 _____ 在锻炼身体。

（2）中国的年轻人越来越少，已经进入了 _____ 社会。

（3）爷爷以前跑步很快的，不过现在已经 _____ 了，跑不动了。

（4）自从爷爷去世以后，我们孩子们都想给奶奶再找一个 _____。

4. 给括号里面的词选择一个合适的位置。

Choose the correct place in each sentence for the given word(s).

（1）A 你的这辆 B 新车 C 可 D 漂亮！（真）

（2）我 A 得走了，B 王老师 C 等着我呢 D。（还）

（3）A 如果他们 B 一定 C 要去，我也 D 同意。（只好）

（4）A 他们 B 在想 C 怎么去外面 D 玩儿了。（早就）

（5）A 三年以后，我在 B 纽约的大街 (jiē, street) 上 C 看 D 到了他。（又）

（6）A 生词和语法 B 已经学 C 过了，还 D 有什么难的？（都）

5. 组词成句。

Make a sentence by placing the given words in the correct order.

（1）不是　就是　这儿　那儿　疼　舒服　不

20 ▶▶

（2）汉语　还　什么　哪　你　这么　的　了　好　上……课　都

（3）春节　回家　除夕夜　赶　谁　不　在　前

（4）自己　一个人　过年　在家　也　过不好

6. 仿照例句，用"还 +V+ 什么 +O+ 啊（哪 / 呀）"的句式改写下面的句子。
Rephrase these sentences using the 还 + **V** + 什么 + **O** + 啊（哪 / 呀）**pattern according to the example.**

例：你的汉语已经很好了，就不要上课了。

→你的汉语已经很好了，还上什么课呀。

（1）我更不明白了，感情这么好，为什么还要离婚？

（2）你已经这么有钱了，为什么还要加班呢？

（3）时间来不及了，你就别再吃饭了。

（4）作业还没做完呢，你就别去看电影了。

（5）钱都丢了，还怎么买东西？

7. 用所给的词填空。

Fill in the blanks using the given words.

| 认为 | 关心 | 两 | 俩 | 玩玩儿 | 忙 | 什么 | 福气 | 带 | 受罪 |

刘奶奶和张大妈是北京的＿＿（1）＿＿个老太太，张大妈有＿＿（2）＿＿孙子、一个孙女，所以，刘奶奶说她很有＿＿（3）＿＿，可张大妈自己却不这么＿＿（4）＿＿，她说自己是＿＿（5）＿＿的命。

刘奶奶身体不太好，儿女们都很＿＿（6）＿＿她，不让她＿＿（7）＿＿孩子。所以，她现在在上老年大学。她说，老年大学里很好，想学什么就能学＿＿（8）＿＿。不过，她说上老年大学其实也就是为了＿＿（9）＿＿，并不是真的想学什么东西。所以，她劝张大妈也去老年大学玩玩儿。张大妈当然也很想去，可是，她太＿＿（10）＿＿了，没时间去。

8. 用括号里的词或短语改写句子。

Rephrase the sentences using the words or phrases in the brackets.

（1）大家都很喜欢这孩子。（讨人喜欢）

（2）我得走了，我老伴儿在等我。（还在……着呢）

（3）别客气，你随便吃。（……什么……什么）

（4）我想要的并不多，可父母一次也没同意过。（要求）

练习三

1. 听力理解。

Listening comprehension.

（1）根据对话，选择正确的答案：

Listen to the conversation, and then choose the correct answer to each question.

①   A. 带孩子玩儿   B. 上学

       C. 老年病院   D. 买东西

②   A. 跳舞   B. 画画儿

       C. 带孩子   D. 唱京剧

③   A. 不感兴趣   B. 没有时间

       C. 觉得没意思   D. 儿女们不同意

（2）根据短文，回答下面的问题。

Listen to the passage, and then answer the following questions.

①近来，来"我"这儿要求离婚的人多不多？

②第一对年轻人结婚几个月了？

③第一对年轻人最后离婚了吗？

④第二对夫妻谁的年龄大？

⑤ 昨天晚上，男的为什么没有回家？

⑥ 第二对夫妻最后有没有离婚？

2. 口语表达。
Oral practice.

（1）互相问答：你和爸爸妈妈住在一起吗？为什么？你爸爸妈妈和你的爷爷奶奶（或者外公外婆）住在一起吗？

Question and answer drill with your classmates: Do you live with your parents? Why or why not? Do your parents and grandparents live together?

（2）讨论：你觉得老人和孩子住在一起好还是不住在一起好？为什么？

Dicsuss: How do you feel about elderly parents living with their children? Why?

3. 阅读理解。
Reading comprehension.

上海目前有近100万的老人不和子女住在一起，而到2025年，将有80%~90%的老人不和子女住在一起。

目前，上海的空巢老人越来越多，他们需要亲情，但他们的子女工作很忙，没时间和老人待在一起。

有一位姓张的老太太，今年75岁。自从前几年最后一个孩子搬进新家后，张老太太也成了空巢老人中的一员。她一个人住在一个很大的房子里，到处空空荡荡的。张老太太有8个孩子，5个在外地，3个在上海，但都住得很远。去年的365天中，她和子女待在一起的时间只有5天。

张老太太有自己的想法，她不想麻烦子女，很多事情都花钱请人来做。但是，用钱来解决问题，就没有了人情味。张老太太最怕生病。每次看病，都要请人帮忙排队挂号，还要四处求人陪她去看病。去年生病住进了医院，整整一个月，她都是一个人在病床上过的。

老人们需要亲情，子女的亲情对老人来说是非常重要的。在日本、中国香港等地，孩子们和父母保持"一碗汤"的距离，意思是他们虽然与父母分开住，但住得很近，孩子把一碗热汤送到父母家中，汤还没凉。

Unit 3

补充词语：

Supplementary words:

（1）目前　　　mùqián　　　currently; at present

（2）空巢　　　kōngcháo　　　empty house

（3）亲情　　　qīnqíng　　　affection

（4）空空荡荡　　　kōngkōngdàngdàng　　　empty, deserted

（5）人情味　　　rénqíngwèi　　　human touch; human feeling

（6）排队　　　páiduì　　　queue up

（7）保持　　　bǎochí　　　keep up; to maintain

（8）碗　　　wǎn　　　bowl

（9）距离　　　jùlí　　　distance

根据短文内容，判断下面的说法是否正确。

Decide whether these statements are true or false according to the passage above.

（1）到 2025 年，上海将有 100 万老人和自己的孩子"分居"。　　（　　）

（2）目前，上海的空巢老人越来越多。　　（　　）

（3）张老太太的 8 个孩子都不住在上海。　　（　　）

（4）张老太太最怕子女去看她。　　（　　）

（5）张老太太生病的时候最高兴，因为那个时候，子女可以去看她。

（　　）

（6）去年，张老太太生病，住了 5 天的医院。　　（　　）

（7）去年，张老太太和子女住在一起的时间只有 5 天。　　（　　）

（8）本文的意思是希望子女要常常送一碗汤给父母。　　（　　）

（9）本文的意思是说亲情是很重要的。　　（　　）

4. 语段写作。

Writing exercise.

就"老人与孩子的关系"写一段话。

Write a paragraph on the relationship between senior citizens and their children.

Foot therapy

Foot therapy is becoming increasingly popular amongst the elderly due to dwindling bone and muscle health and the frailty that may accompany advanced age. The theory of Chinese traditional medicine shows that submerging feet in hot water can stimulate the acupuncture points on the feet, which in turn can better facilitate blood circulation and aid in longevity.

Foot therapy often falls into two categories: bathing and massage. The former refers to immersing feet in hot water, while the latter indicates massaging specific acupuncture points on the feet. Students can learn some simple massages or buy a foot massage tub for themselves or their parents to use to relax.

Unit 4 | Xīwàng
希望
Hope

 练习一

1. 朗读下列词语。
   Read aloud the following words and phrases.

不利	对成长不利	对学习不利	对你不利
对我们不利	对国家不利	不利于成长	不利于学习
不利于国家	不利于民族	有利	对成长有利
对学习有利	对你有利	对我们有利	对国家有利
有利于成长	有利于学习	有利于国家	有利于民族
好大	好高	好难	好聪明
好困难	好顺利	好亲切	好难为情
学生多的是	老师多的是	朋友多的是	钱多的是
麻烦多的是			

2. 替换对话。
   Substitution drills.

   （1）A：您办这所小学还顺利吗？

   　　　B：不太顺利。

去中国旅行
开这家饭馆儿
做这个工作
这次考试
这次旅行

（2）A：是没有学生吗？

B：不，学生多的是。

老师	老师
资金	资金
朋友	朋友
衣服	衣服
教室	教室

（3）A：您怎么把 希望小学 办到 城里 来了？

B：是这样的，……

汽车	开到	学校里
老师	请到	家里
桌子	搬到	外面

Unit
4

 练习二

1. 辨字组词。

Fill in the blanks to form words and phrases.

详 _____   样 _____

难 _____   推 _____

谁 _____   准 _____

投 _____   没 _____

顺 _____   颗 _____

妙 _____   炒 _____

吵 _____   沙 _____

2. 选词填空。

Choose the correct word(s) to fill in each blank.

资金   钱

（1）他的公司很大，_____ 自然也就很多。

（2）小王他们家很有 _____。

好　　真

（3）我们这儿有 _____ 几个叫王天明的。

（4）哇，你们家可 _____ 漂亮！

（5）_____ 漂亮的衣服！

（6）我们 _____ 几年没见面了，你在忙什么？

3. 给括号里面的词选择一个合适的位置。

Choose the correct place in each sentence for the given word(s).

（1）我 A 目前 B 最大的困难 C 可以说 D 缺少更多的资金。（是）

（2）A 这样 B 下去，我一定 C 能赚到更 D 多的钱。（再）

（3）A 他们都已经回家了，B 小张 C 一个人还在学校里 D 学习。（只有）

（4）我 A 没来过 B 澳大利亚，对这儿的 C 事情不 D 太清楚。（以前）

（5）高老师 A 说了半天，B 我们 C 明白了 D。（总算）

4. 组词成句。

Make a sentence by placing the given words in the correct order.

（1）　对　饭馆儿　事儿　的　小王　您　很　感兴趣　开

（2）　上大学　美国　人　的　来　多　越来越

（3）　肯定　是　女儿　妈妈　惹　又　了　生气

（4）好好 同学 你 你们 一定 管管 要 的 男 班 那些

（5）有点儿 的 地 时候 小王 上课 难为情 说 一句话 了

（6）他们 我 都 莫名其妙 看着 眼睛 地 瞪大了

5. 仿照例句，用"多的是"改写下面的句子。

Rephrase these sentences using the 多的是 pattern according to the example.

例：学生很多。

→学生多的是。

（1）他爸爸的钱很多。

（2）我们国家有很多好玩儿的地方。

（3）现在，离婚的人太多了！

（4）这家饭馆儿有很多好吃的东西。

（5）在纽约，像他那样的大老板真是太多了。

（6）来我们这儿学习汉语的人很多。

6. 用所给的词填空。

Fill in the blanks using the given words.

| 困难 | 参观 | 投资 | 觉得 | 希望 | 缺少 | 打工 | 关心 | 一样 | 兴趣 |

今天，我和朋友高一飞一起去___(1)___了一所小学。我对这所学校很感___(2)___，因为她和别的学校不___(3)___。她是赵校长一个人___(4)___办起来的。赵校长说，他们县来上海___(5)___的人很多，可他们的孩子却不去上学。他___(6)___孩子们不上学，以后就没有___(7)___，所以他就办了这所学校。

办学校，___(8)___可不少。赵校长说，他最大的困难就是___(9)___资金。我相信，___(10)___这所学校的人会越来越多。

7. 用括号里的词或短语改写句子。

Rephrase the sentences using the words or phrases in the brackets.

（1）我觉得您说的那件事儿很有意思，想请您详细介绍介绍。（对……感兴趣）

（2）我觉得他做这件事是给您出难题。（对……不利）

（3）我们最大的困难就是缺少资金。（……可以说是……）

（4）我想这几天你爸爸妈妈肯定又生你的气了。（惹……生气）

（5）他能这么做已经可以说是很不错了。（算是）

（6）我们这儿有很多好大学。（……多的是）

 练习三

1. 听力理解。

Listening comprehension.

（1）根据对话，选择正确的答案：

Listen to the conversation, and then choose the correct answer to each question.

① A. 江　　　　　　　　B. 王

　　C. 谢　　　　　　　　D. 张

② A. 唱歌　　　　　　　B. 喝水

　　C. 睡觉　　　　　　　D. 吃东西

③ A. 第一　　　　　　　B. 倒数第一

　　C. 第三　　　　　　　D. 倒数第三

④ A. 老师　　　　　　　B. 父母

　　C. 男同学　　　　　　D. 女同学

（2）根据短文，回答下面的问题。

Listen to the passage, and then answer the following questions.

① 马丁是哪国人？

② 马丁最近迷上了中国的什么？

③ 赵校长的学校有没有很多人捐款？

Unit
4

④赵校长学校里的学生多不多？

⑤赵校长的学校办得顺利不顺利？她最缺少什么？

⑥我和马丁愿不愿意帮助她？

2. 口语表达。
Oral practice.

（1）互相问答：你喜欢什么样的学校？为什么？你喜欢什么样的老师？为什么？

Question and answer drill with your classmates: What kind of school do you like? Why? What kind of teacher do you like? Why?

（2）讨论：你们现在的学校和老师怎么样？你喜欢吗？为什么？

Discuss: What are your present school and your teachers like? Do you like them? Why or why not?

3. 阅读理解。
Reading comprehension.

加拿大华侨张文恩先生从1994年到现在一共为通江县捐款144万元，修建希望学校——三合中学。

今年6月3日，张文恩、郑陆一等四位旅加华侨参加了竣工剪彩仪式。张先生等在参观新建的校舍时，对有关单位修建希望学校时的努力和成绩表示非常满意，并表示还要向三合希望学校捐款80万～100万元修建教学楼；投资200万～300万元修建教师宿舍。

在剪彩仪式上，张先生为学校的贫困学生捐赠 4 万元，向学校捐赠绿化款 10 万元；8 月初，他又向学校捐赠 10 万元。同张先生一起剪彩的郑陆一先生向三合希望学校捐赠了 8 万元的教学物品。张先生还表示，以后将每年向学校捐赠 4 万元，解决贫困学生的上学困难问题；考上大学专科以上的学生，每人给奖学金 1 万元；考上研究生和出国留学的学生，所需费用由他全部解决。

补充词语：

Supplementary words:

（1）	华侨	huáqiáo	overseas Chinese
（2）	修建	xiūjiàn	to build, to construct
（3）	竣工	jùngōng	to complete; completion of a project
（4）	剪彩	jiǎncǎi	cut the ribbon at an opening ceremony
（5）	校舍	xiàoshè	school dormitory
（6）	成绩	chéngjì	achievement, result
（7）	表示	biǎoshì	to express
（8）	贫困	pínkùn	poor, impoverished
（9）	捐赠	juānzèng	to donate
（10）	物品	wùpǐn	articles, goods
（11）	专科	zhuānkē	college for professional training
（12）	奖学金	jiǎngxuéjīn	scholarship
（13）	研究生	yánjiūshēng	graduate student
（14）	费用	fèiyong	expenses, cost
（15）	张文恩	Zhāng Wén'ēn	Zhang Wenen

（16）郑陆一　　　Zhèng Lùyī　　　Zheng Luyi

（17）通江县三合中学　　　　　Tōngjiāng Xiàn Sānhé Zhōngxué

Sanhe Middle School in Tongjiang County

根据短文内容，判断下面的说法是否正确。

Decide whether these statements are true or false according to the passage above.

（1）张文恩先生从1994年到现在一共为通江县三合中学捐款300万元。

（　　）

（2）张文恩先生表示还要向三合希望学校捐款200万～300万元修建教学楼。　　　　　　　　　　　　　　　　　　　　　　　（　　）

（3）郑陆一先生向三合希望学校捐赠了8万元的教学物品。　　（　　）

（4）郑陆一先生被聘请为通江县三合希望中学名誉校长。　　　（　　）

（5）张先生表示，以后每年向学校捐赠8万元；并对考上研究生和出国留学的学生每人给奖学金1万元。　　　　　　　　　　　（　　）

（6）张先生为学校捐赠绿化款10万元。　　　　　　　　　　（　　）

（7）张先生对有关单位修建希望学校时的努力和成绩很满意。　（　　）

4. 语段写作。

Writing exercise.

写一段话，主题是"我们的学校"。

Write a paragraph with the theme of "Our School".

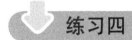 练习四

Photography exhibit on the Hope Project

The Hope Project, especially the Hope Primary School affiliated with this project, has greatly improved the basic level of education in impoverished areas throughout China. Many photos have stood out to showcase the thrilling moments of the Hope Project. With the help of the teacher and online resources, students can look for photos about the Hope Project to organize a photography exhibition.

Unit 5 | Zhòngjiǎng
中奖
Winning the Lottery

 练习一

1. 朗读下列词语。
Read aloud the following words and phrases.

中彩	中奖	中大奖	中了奖
中过奖	中了大奖	中了头奖	读者
作者	前者	后者	强者
弱者	工作者	消费者	改革者
完全同意	完全负责	完全满足	完全能够实现
完全好了	完全拼好了	完全做好了	完全忘了

2. 替换练习。
Substitution drills.

（1）把 4 换成 8 。

9	6
10	3
你	他
书	笔

（2）这个号你不要，别人也不要，那怎么办？

本书	用	用
个工作	做	做
个汤	喝	喝
个菜	吃	吃

（3）怎么办我不管，反正我不要这个号码。

用这本书

做这个工作

喝这个汤

吃这个菜

买这件衣服

（4）你这个人怎么这么迷信。

麻烦

着急

不客气

不相信别人

（5）不发也不能死呀！

吃	丢
喜欢	扔掉
高兴	骂人

（6）不想 中奖 买彩票 干什么？

喝酒	拿杯子
旅游	买飞机票
学习	来学校
赚钱	开公司

（7）您是否<u>买过彩票</u>?

学过汉语
吃过中国菜
去过北京
打过冰球

 练习二

1. 辨字组词。

Fill in the blanks to form words and phrases.

利＿＿＿＿＿＿＿＿　　　创＿＿＿＿＿＿＿＿

赚＿＿＿＿＿＿＿＿　　　歉＿＿＿＿＿＿＿＿

经＿＿＿＿＿＿＿＿　　　轻＿＿＿＿＿＿＿＿

愿＿＿＿＿＿＿＿＿　　　原＿＿＿＿＿＿＿＿

2. 选词填空。

Choose the correct word(s) to fill in each blank.

愿望　　希望　　失望

（1）＿＿＿＿＿越大,＿＿＿＿＿也越大。

（2）我现在最大的＿＿＿＿＿就是能和爸爸妈妈一起去中国旅游。

曾经　　已经

（3）他们＿＿＿＿＿走了,我到哪儿去找?

（4）我以前＿＿＿＿＿去过北京。

3. 给括号里面的词选择一个合适的位置。

Choose the correct place in each sentence for the given word(s).

（1）A 我 B 记不清以前 C 跟他见过面 D。（是否）

（2）A 小王 B 不太喜欢 C 吃中国饭，但现在却天天 D 吃。（曾经）

（3）能 A 去中国 B 留学的人 C 不是 D 很多。（毕竟）

（4）A 一个月 B 以后，C 他妈妈的病 D 好了。（完全）

（5）做人 A 也不能太 B 聪明，C 太聪明 D 会对自己不利。（反而）

4. 组词成句。

Make a sentence by placing the given words in the correct order.

（1）这台空调　我们　给您　送去　派人　今天下午　会

（2）事儿　多　这个人　怎么　你　这么

（3）衣服　这件　喜欢　不　反正　我

（4）是否　明星　自己　成为　梦想过　曾经　你

（5）最　干什么　想　大奖　假若　中　您　了

（6）不但不　反而　会　不会　我　觉得　钱　麻烦　幸福　多　很多
带来　有

5. 仿照例句，用"不想＋V₁＋（我）＋V₂＋干什么"的句式改写下面的句子。

Rephrase these sentences using the 不想＋V₁＋（我）＋V₂＋干什么 **pattern according to the example.**

例：不想中奖就不会买彩票了。

→不想中奖买彩票干什么？

（1）不想学汉语我就不来中国了。

（2）不想喝水就不拿杯子了。

（3）不想看球我就不开电视了。

（4）不想游泳就不买游泳衣了。

（5）不想去旅游就不买飞机票了。

（6）不喜欢你我就不来找你了。

6. 用所给的词填空。

Fill in the blanks using the given words.

选择　认为　顺利　吉利　流行　当然　换　意味着　也许　号码

生活中，我们总是认为有些号码＿＿（1）＿＿，有些号码不吉利或者不太吉利。比如，我们常常＿＿（2）＿＿"3"就意味着"散"（分开），"4"则意味着"死"，"7"就是"生气"。所以，我们常常不喜欢这些数字。但是，如果我们把"散"、"死"、"生气"等＿＿（3）＿＿成另外一些字的话，＿＿（4）＿＿你就会喜欢上它们了。

最近，在上海就　（5）　这样的说法："3"　（6）　"升"，"4"意味着"事事　（7）　"，"7"则是"齐心协力"。每个字都好得不得了。于是，这些以前人们不喜欢的　（8）　一下子流行了起来。

　（9）　，以前人们喜欢的"6"（"顺利"）和"8"（"发"），和以前一样，还是人们　（10）　的对象。

7. 用括号里的词或短语改写句子。

Rephrase the sentences using the words or phrases in the brackets.

（1）如果中了大奖，你打算怎么花？（假如……会……）

（2）我看你算了吧，别说什么"发财"的话了。（什么 X 不 X 的）

（3）不喜欢的话也要留着！（不……也不能……）

（4）在我们学校，从中国来的学生还不到30%。（成）

（5）已经决定了的事，不能变。（更改）

Unit
5

1. 听力理解。

Listening comprehension.

（1）根据对话，选择正确的答案：

Listen to the conversation, and then choose the correct answer to each question.

① A. 父女   B. 母子

    C. 师生   D. 恋人

② A. 5 月 4 号   B. 5 月 8 号

    C. 5 月 14 号   D. 5 月 18 号

③ A. 5 月 4 号   B. 5 月 8 号

    C. 5 月 14 号   D. 5 月 18 号

④ A. 她不想发财   B. 她不想死

    C. 她在发烧，很难过   D. 她想发财

（2）根据短文，回答下面的问题。

Listen to the passage, and then answer the following questions.

① "我"家里原来有没有电话？

② "我"去的时候，他们给"我"的第一个号码好不好？

③ "我"为什么不喜欢带 4 的号码？

④　最后，他们有没有给"我"换号码？

⑤　新的号码"我"喜欢不喜欢？为什么？

2. 口语表达。
Oral practice.

（1）互相问答：你买过彩票吗？你中过奖吗？如果中过，中过什么样的奖？

Question and answer drill with your classmates: Have you ever bought lottery tickets? Have you won any prizes before? If so, what prizes have you won?

（2）讨论：你觉得中奖是否一定会带来幸福？为什么？

Discuss: Do you think that winning the lottery would bring you happiness? Why?

3. 阅读理解。
Reading comprehension.

最近，很多彩票都开出了百万元的大奖。这让人不由得想到一个问题——"我中了五百万会怎样？"

我肯定不会快乐！这是我想了很久以后得出的结论。

我先得考虑我的承受能力。因为我一直很穷，面对这么一大笔钱，我的心跳不知道每分钟要跳几百次。如果跳得太快，把我给"跳"死了，那五百万对我来说，又有什么用呢？

有了那么多钱我也不安心：怕小偷来偷，怕坏人来抢。本来只要一躺下就能睡着，结果弄得夜夜睡不着。亲戚朋友都来借，又带来许多不愉快。这么多钱怎么用，太太的想法要是跟我不一样，那就会吵架。假如用来吃喝玩乐吧，早晚得坐吃山空，说不定还会养成不少坏习惯。

　　没有钱的时候，会有许多愿望，会去努力奋斗，从中得到许多乐趣。中奖了，许多愿望一下子实现了，就没有了努力和奋斗的目标，整天什么事也不做，那是比什么都可怕的事情。

补充词语：

Supplementary words:

（1）	结论	jiélùn	conclusion
（2）	承受	chéngshòu	to bear, to endure
（3）	穷	qióng	poor, poverty-stricken
（4）	面对	miànduì	to face, to confront
（5）	心跳	xīntiào	heartbeat
（6）	安心	ānxīn	feel at ease
（7）	抢	qiǎng	to rob
（8）	吃喝玩乐	chī-hē-wán-lè	eat, drink, and be merry
（9）	坐吃山空	zuòchī-shānkōng	sit idly eating, and in time your fortune will be used up
（10）	奋斗	fèndòu	to struggle, to strive
（11）	乐趣	lèqù	pleasure, joy
（12）	目标	mùbiāo	goal, objective
（13）	可怕	kěpà	terrible, dreadful

根据短文内容，判断下面的说法是否正确。

Decide whether these statements are true or false according to the passage above.

（1）买彩票不可能中百万大奖。 　　　　　　　　　　　　　（　　）

（2）"我"想，中了 500 万一定很幸福。 　　　　　　　　　（　　）

（3）"我"一直很有钱，所以不想中大奖。 　　　　　　　　（　　）

（4）把钱放在家里，"我"不安心。 　　　　　　　　　　　（　　）

（5）"我"以前睡觉睡得很好。 　　　　　　　　　　　　　（　　）

（6）"我"现在比以前更穷。 　　　　　　　　　　　　　　（　　）

（7）努力奋斗也有很多乐趣。 　　　　　　　　　　　　　（　　）

（8）没有目标的生活是没有意思的。 　　　　　　　　　　（　　）

Unit
5

4. 语段写作。

Writing exercise.

中奖会带来幸福吗？

Will winning the lottery bring you happiness?

Nine Halls Diagram Games

This game can trace its origins back to the Lo Shu Square of ancient Chinese geomancy and mathematical traditions. The Lo Shu Square is a 3x3 grid which contains the numbers 1 through 9 arranged so that every row (horizontal, vertical and diagonal) has a sum of 15. The image was also called the Nine Halls Diagram and was later developed into the Nine Halls Diagram Game. There are two ways to play this game. The first is that the woodblocks marked by numbers from 1 to 8 will be placed randomly in the 3x3 grid with one square left blank. The numbered woodblocks bordering the blank square can be moved to fill the blank so that the rearranged woodblocks follow the numerical order from 1 to 8 in a certain direction; the point being to move the numbered blocks the least amount of times possible. The second is that the numbers from 1 to 8 are filled in the 3x3 grid so that every row (horizontal, vertical and diagonal) has a sum of 15, with a total of 9 grids. The second form of the game follows the same rules as sudoku.

the first method   **the second method**

		3	2		1	9	7	
2	9			3			8	
5			9					4
1			4		5	7		9
	5						1	
7		9	8		3			5
3					6			8
	1			8			4	2
	8	6	1		9	3		

Unit 6

Shuāng Tǎ Duìhuà
双 塔 对话
A Dialogue Between Two Towers

 练习一

1. 朗读下列词语。

Read aloud the following words and phrases.

双塔	双手	双眼	双号	双数
双方	双赢	男女双打	笑星	歌星
影星	球星	明星	福星	标志性
科学性	计划性	可能性	实用性	

通过卫星互相问好　　　　　通过电子邮件聊天儿

通过电视表示祝愿　　　气氛热烈　　热烈欢迎　　聊得很热烈

 练习二

1. 辨字组词。

Fill in the blanks to form words and phrases.

晚 _____　　　　　挽 _____

纪 _____　　　　　记 _____

氛 _____　　　　　份 _____

布 _____   市 _____

福 _____   副 _____

2. 找出下面词语的同义词 / 近义词。

Draw lines between the synonyms from these two columns of words.

（1）祝福   A. 友善

（2）热烈   B. 一般

（3）友好   C. 晚上

（4）凌晨   D. 祝愿

（5）夜晚   E. 早晨

（6）更改   F. 改变

（7）是否   G. 热情

（8）普通   H. 是不是

3. 选词填空。

Choose the correct word(s) to fill in each blank.

热烈   热情

（1）我们对张先生的到来，表示最 _____ 的欢迎！

（2）中国人很 _____，不管你走到哪儿，他们都会 _____ 地招待你。

（3）对于这个问题，同学们讨论得非常 _____。

4. 给括号里的词选择一个合适的位置。

Choose the correct place in each sentence for the given word(s).

（1）世界上的许多 A 著名笑星都 B 来过 C 上海 D。（先后）

（2）我们 A 已经 B 做完了，你 C 做吧 D！（接着）

（3）我 A 给你 B 打电话 C 打了 D 十次，都没人接。（不下）

（4）从今天起，A 你们 B 就 C 成为 D 东方大学的学生了。（正式）

（5）让 A 我们 B 为他 C 祝福，祝愿他 D 早日学成回国！（一起）

5. 组词成句。

Make a sentence by placing the given words in the correct order.

（1）国际卫星　一个　小时　多　进行　的　一次　了　通过　世纪　对话　他们

（2）是　悉尼　悉尼歌剧院　建筑　的　标志性

Unit
6

（3）通过　问好　祝福　生活　元首　两国　两国　人民　电话　互相　并　幸福

（4）的　的　新世纪　明天　谈起　大学生们　美好　了　美好

（5）的　的　友好　双方　中美　会谈　气氛　是……的　在……中　进行　非常

6. 仿照例句，用"不管……还是……"改写下面的句子。

Rephrase these sentences using the 不管 … 还是 … pattern according to the example.

例：上海和多伦多，气氛都非常热烈。

→不管是上海还是多伦多，气氛都非常热烈。

（1）他们夫妻俩都觉得要孩子是件很麻烦的事。

（2）纽约和华盛顿，我觉得都应该去看看。

（3）汉语和英语，对外国人来说都是很难学的。

（4）离婚和分居对孩子都没什么好处。

7. 用所给的词填空。

Fill in the blanks using the given words.

> 感觉　夜晚　不错　登　世界　最　可惜　标志

上海和多伦多我都去过，说真的，两个城市都＿＿（1）＿＿。尤其是两个城市的电视塔，更可以说是两个城市的＿＿（2）＿＿。东方明珠电视塔468米高，当时在亚洲是＿＿（3）＿＿高的；而多伦多电视塔则高达553.3米，是全＿＿（4）＿＿的最高塔。

如果你＿＿（5）＿＿上东方明珠广播电视塔，你就可以看到整个上海的风景，尤其是＿＿（6）＿＿，黄浦江的夜景真是漂亮极了！

＿＿（7）＿＿的是，我在多伦多待的时间很短，没来得及登电视塔，所以不知道在塔上的＿＿（8）＿＿会是怎样。但我想，一定会更好！

8. 用括号里的词或短语改写句子。

Rephrase the sentences using the words or phrases in the brackets.

（1）我们离得很远，不过我们常常能通过电话聊天儿。（虽然……但是……）

（2）对面来了一对男女。（一个……一个……）

（3）他是个歌星，我们都很熟悉他。（有名）

（4）在这儿上大学，每年花掉的钱最少十万。（不下）

（5）多伦多和上海两座塔里的气氛都非常热烈。（不管……都……）

 练习三

1. 听力理解。

Listening comprehension.

根据对话，选择正确的答案：

Listen to the conversation, and then choose the correct answer to each question.

对话一

A. 饭店服务员   B. 商店服务员

C. 大夫   D. 老师

对话二

A. 喜欢红的，不喜欢黑的   B. 喜欢黑的，不喜欢红的

C. 红的和黑的都喜欢   D. 红的和黑的都不喜欢

对话三

A. 男的很想离婚　　　　　B. 女的希望男的离婚

C. 男的就要离婚了　　　　D. 男的还没结婚

对话四

A. 认为男的这次肯定会中奖。

B. 认为男的肯定会发财的。

C. 认为男的生病发烧了。

D. 认为男的在做白日梦。

对话五

① 　A. 很有用　　　　　B. 很有名

　　C. 不太漂亮　　　　D 没什么用

② 　A. 男的　　　　　　B. 女的

2. 口语表达。

Oral practice.

（1）互相问答：你们城市的标志性建筑是什么？它是干什么用的？

Question and answer drill with your classmates: What is the landmark building in your city? What is its function?

（2）讨论：你喜欢你们城市的标志性建筑吗？为什么？

Discuss: Do you like that building? Why or why not?

3. 阅读理解。

Reading comprehension.

　　"上海—巴黎 2001 的跨越"系列活动之一——上海东方明珠塔和巴黎埃菲尔铁塔友好交往活动，今天在埃菲尔铁塔上举行。这是今年年初东方明珠塔与加拿大多伦多塔结为友好塔之后，又一次世界著名高塔之间的"对话"。

　　巴黎埃菲尔铁塔有 100 多年的历史，是法国浪漫文化的象征，每年登塔的世界旅游者居世界高塔第一。东方明珠塔是上海大都市的象征，它与旁边的现代化建筑群、黄浦江对岸的万国建筑群交相辉映，其旅游收入居世界高塔的第一位。

　　双塔间的友好交往活动，在埃菲尔铁塔著名的"埃菲尔大厅"内举行，"东方明珠"艺术图片展，引起了很多人的兴趣。艾菲尔塔总经理和东方明珠塔总经理互相赠送了纪念品。

Unit
6

补充词语：

Supplementary words:

（1）	跨越	kuàyuè	step over
（2）	系列	xìliè	series
（3）	交往	jiāowǎng	contact, association
（4）	群	qún	cluster, complex, group
（5）	对岸	duì'àn	the opposite bank
（6）	交相辉映	jiāoxiāng-huīyìng	add radiance and beauty to one another
（7）	艺术	yìshù	art
（8）	图片	túpiàn	picture
（9）	展览	zhǎnlǎn	exhibition, display

（10）赠送	zèngsòng	give as a present
（11）纪念品	jìniànpǐn	souvenir
（12）巴黎	Bālí	Paris
（13）埃菲尔塔	Āifēi'ěr Tǎ	the Eiffel Tower
（14）法国	Fǎguó	France
（15）黄浦江	Huángpǔ Jiāng	the Huangpu River

根据短文，判断对错。

Decide whether these statements are true or false according to the passage above.

（1）上海东方明珠塔有 100 多年的历史。 （　　）

（2）埃菲尔塔的旅游收入在世界高塔中是最高的。 （　　）

（3）每年登埃菲尔塔的旅游者是世界高塔中最多的。 （　　）

（4）埃菲尔塔在东方明珠塔内举行了一次艺术图片展览。 （　　）

（5）上海东方明珠塔是上海浪漫文化的象征。 （　　）

（6）上海东方明珠塔和巴黎埃菲尔塔的对话是世界高塔历史上的第一次。 （　　）

4. 语段写作。

Writing exercise.

写一段话，内容是关于你们城市的标志性建筑的。

Write a paragraph about the most well-known landmark building in your city.

Pagoda building activity

The Chinese-style pagoda is a type of Buddhist architecture which represents auspiciousness in folk society. Students can try to design and build a pagoda using blocks or toy bricks.

Unit
6

Unit 7

Wǎng Shàng Wǎng Xià

网 上 网 下

Online, Offline

 练习一

1. 朗读下列词语。

Read aloud the following words and phrases.

上网	上楼	上床	上山
网上	楼上	床上	山上
鱼网	网络	网恋	网友
网民	网虫	网站	互联网
关系网	别提了	别说了	别做了
别唱了	别去了	别卖关子了	别去上课了
大吃一惊	莫名其妙	五颜六色	人山人海
车水马龙	同病相怜	人满为患	

2. 替换对话。

Substitution drills.

（1）A：怎么这么<u>早</u>就<u>回来</u>了？

　　B：别提了，我……

快	做完
一会儿	要走

（2）A：是不是长得不够漂亮？

　　　　B：如果只是长得不够漂亮，那倒没什么。

说得	流利
做得	快
买得	多
学得	好

（3）A：你们猜一猜，跟我见面的"白雪公主"是谁？

　　　　B：得了，你就别卖关子了。

教我们汉语的老师
跟我们一起去旅游的
天天泡在网吧里的
给我写信的

（4）A：别笑了行不行？

　　　　B：好了，好了，不笑了。

玩
说
做

练习二

1. 辨字组词。

Fill in the blanks to form words and phrases.

猜 ＿＿＿＿＿＿＿＿　　　　请 ＿＿＿＿＿＿＿＿

情 ＿＿＿＿＿＿＿＿　　　　清 ＿＿＿＿＿＿＿＿

抱 ＿＿＿＿＿＿＿＿　　　　跑 ＿＿＿＿＿＿＿＿

泡 ＿＿＿＿＿＿＿＿　　　　饱 ＿＿＿＿＿＿＿＿

则 ＿＿＿＿＿＿＿＿　　　　责 ＿＿＿＿＿＿＿＿

规 ＿＿＿＿＿＿＿＿　　　　贵 ＿＿＿＿＿＿＿＿

观 ＿＿＿＿＿＿＿＿　　　　现 ＿＿＿＿＿＿＿＿

2. 为下面的动词选择合适的搭配。

Draw lines between the verbs and their objects in these two columns of words.

（1）惹　　　　　　　A. 时间

（2）中　　　　　　　B. 情况

（3）实现　　　　　　C. 老师

（4）介绍　　　　　　D. 咖啡馆儿

（5）花　　　　　　　E. 麻烦

（6）管　　　　　　　F. 地图

（7）炒　　　　　　　G. 头彩

（8）当　　　　　　　H. 梦想

（9）拼　　　　　　　I. 孩子

（10）泡　　　　　　J. 鱿鱼

3. 选词填空。

Choose the correct word(s) to fill in each blank.

自然　　当然　　突然

（1）我躲在他的后面，他 _____ 看不见我。

（2）小王 _____ 从教室里跑了出来，让我大吃一惊。

（3）她说那句话的时候，样子有点儿不太 _____ 。

（4）只要努力学习，_____ 就能考上好的大学。

熟练　　熟悉

（5）她才学了不到一星期，就能 _____ 地上网了。

（6）他就住在我们家的旁边，我对他当然很 _____ 了。

（7）我已经读了二十多遍了，当然读得很 _____ 了。

4. 给括号里的词选择一个合适的位置。
Choose the correct place in each sentence for the given word(s).

（1）我 A 猜呀猜，B 猜了好长时间，C 让我们给 D 猜出来了。（终于）

（2）因为你 A 不 B 说真话，别人 C 也就不会 D 说真话。（当然）

（3）他很 A 看着书，突然 B 听到了什么人的 C 叫声，D 慌慌张张地跑了出去。（认真地）

（4）A 如果 B 颜色 C 不太好，D 那倒也没什么。（只是）

（5）奶奶 A 是个京剧迷，B 发现这个 C 网站以后，就 D 泡在里面。（经常）

5. 组词成句。
Make a sentence by placing the given words in the correct order.

（1）我 你们 吃 等 不 也 就 了 起来

（2）猜 出来 可能 当然 你 不 得

（3）我 老师 跟 考试 商量 事儿 的 得 去 了

（4）很快 就 学会 太祖母 了

（5）我 他 聊天 和 叫明子的人 发现 正 一位 很投入地

（6）显得 进去 的时候 很慌张 我 她

6. 仿照例句，用"别 +V 了 + 行不行？"改写下面的句子。

Rephrase these sentences using the 别 + V 了 + 行不行? pattern according to the example.

例：请你们不要再笑了。

→别笑了行不行？

（1）你今天就别走了吧？

（2）请大家安静，不要再说话了。

（3）你已经喝多了，不要再喝了。

（4）网恋是一种游戏，不要太迷恋了。

7. 用所给的词填空。

Fill in the blanks using the given words.

成功　参加　真话　网恋　网上　上网　规则　温柔　游戏　见面　商量

现在，很多人都喜欢　（1）　。有些年轻人还很喜欢在　（2）　谈恋爱。其实，网恋只是一种　（3）　，而这种游戏的一个很重要的　（4）　就是不能见面，我们把这种情况叫做"见光死"。意思是说，　（5）　的双方不能见面，一　（6）　就会结束。因为在网上，你可能不会给对方说　（7）　，对方当然和你一样也不说真话。这样一来，见了面还能有什么好处？

当然啦，网恋也有很　（8）　的。我的女朋友丽丽就是我的网上恋人，她和我梦中的白雪公主完全一样：不但长得很漂亮，而且性格也非常　（9）　。我们已经　（10）　好了，下个星期天晚上8点，我们在网上举行婚礼，欢迎你来＿＿（11）＿＿！

8. 仿照例句，用括号里的词或短语改写句子。
Rephrase the sentences using the words or phrases in the brackets.

（1）她就是上大学的时候咱们班最不好看的那位女同学。（难看）

（2）光不够温柔那也没什么。（如果只是……倒……）

（3）你就别考我们了，我们哪儿知道？（卖关子）

（4）那里有很多书，随便看。（……什么就……什么）

（5）我经常给他我赚钱的机会。（把……让给……）

（6）我知道像他这样的网络迷肯定不多。（网虫）

 练习三

1. 听力理解。
Listening comprehension.

根据对话，选择正确的答案：

Listen to the conversations, and then choose the correct answer to each question.

対话一

① A. 生病了　　　　　B. 很生气

　　C. 在搞网恋　　　　D. 喜欢上网

② A. 夫妻　　　　　　B. 母子

　　C. 父女　　　　　　D. 朋友

③ A. 丈夫　　　　　　B. 妻子

　　C. 儿子　　　　　　D. 爸爸

④ A. 责怪　　　　　　B. 喜欢

　　C. 高兴　　　　　　D. 伤心

对话二

① A. 小饭馆儿　　　　B. 网上

　　C. 公园　　　　　　D. 不知道

② A. 很漂亮　　　　　B. 不漂亮

　　C. 可以相信　　　　D. 不知道

③ A. 7 次　　　　　　 B. 3 次

　　C. 1 次　　　　　　D. 很多次

2. 口语表达。

Oral practice.

（1）互相问答：你喜欢上网吗？在网上，你常常干什么？

Question and answer drill with your classmates: Do you like surfing the Internet? What do you use the Internet for?

（2）讨论：你怎么看网恋？

Discuss: What are your views on online dating?

3. 阅读理解。
Reading comprehension.

　　网络，一个新的世界，我们人人都为它的到来欢呼，因为有了它，世界变得更小了，人和人之间的距离也更近了。

　　网恋，好像是和网络同时出现的，是网络送给我们的礼物，但它却可能成为比网络还要时髦的东西。所以，许多人都认为网恋是美好的象征。

　　网恋开始的时候的确是美好的，带有极强的浪漫色彩。是否每一个上网的人都要经过一次网恋呢？是否每个人都要在这虚幻的世界里创造出一份虚幻的感情？

　　有人说，网恋是某些人为了满足自己的某些欲望而产生的，他们把自己的某些能力变成语言能力表现出来，使自己得到满足。

　　当然，网恋有时也真的很美好，每个人都把对方想象得很美好，但他们同时又很担心"见光死"。

Unit
7

补充生词：

Supplementary words:

（1）欢呼　　　huānhū　　　　to hail, to cheer, to acclaim

（2）距离　　　jùlí　　　　　distance

（3）时髦　　　shímáo　　　　fashionable; in vogue

（4）色彩　　　sècǎi　　　　　color, hue

（5）虚幻　　　xūhuàn　　　　unreal, illusory

（6）创造　　　chuàngzào　　　to create

（7）满足	mǎnzú	to satisfy
（8）欲望	yùwàng	desire, wish, lust
（9）产生	chǎnshēng	to produce, to engender
（10）语言	yǔyán	language
（11）表现	biǎoxiàn	to express, to show
（12）想象	xiǎngxiàng	to imagine, to visualize

根据短文，判断对错：

Decide whether these statements are true or false according to the passage above.

（1）网络使世界变得更小了。 （　　）

（2）网恋比网络出现得早。 （　　）

（3）网恋可能更时髦。 （　　）

（4）很多人都认为网恋是美好的象征。 （　　）

（5）网恋的确很浪漫。 （　　）

（6）网恋的产生跟人们的欲望没有关系。 （　　）

4. 语段写作。

Writing exercise.

请谈谈你对网恋的看法。

Write a paragraph relating your views on online dating.

Social network group for class

The teacher can establish a social network group for their class to help manage class activities. The network group could be on WeChat and involve each student.

Unit 8 | Nánnǚ Píngděng
男女 平 等
Gender Equality

 练习一

1. 朗读下列词语。
   Read aloud the following words and phrases.

自觉	自愿	自动	自行车
自然	大自然	自然界	表情自然
语调自然	自然知道	自然明白	自上海到北京
来自上海	来自社会	来自生活	来自课本
译自《读者文摘》		湿漉漉	湿淋淋
白花花	绿油油	黑油油	干巴巴
黄灿灿（càncàn）			

2. 替换对话。
   Substitution drills.

   （1）A：事情都干完了吗？又看电视。

   　　　B：还有什么事儿？

玩儿球
玩儿游戏
睡觉

（2）A：<u>饭</u>难道不是我<u>做</u>的？

　　　B：不，我不是这个意思。

衣服	洗
活动	安排
机票	买来

（3）A：好，好，我去<u>洗</u>。

　　　B：这还差不多。

买
做
睡

（4）A：我觉得你<u>穿</u>什么<u>衣服</u>都好<u>看</u>。

　　　B：去你的！

做	饭	吃
说	话	听
唱	歌	听
画	画儿	看

练习二

1. 辨字组词。

Fill in the blanks to form words and phrases.

漂 ＿＿＿＿＿　　　　瓢 ＿＿＿＿＿

代 ＿＿＿＿＿　　　　化 ＿＿＿＿＿

念 ＿＿＿＿＿　　　　思 ＿＿＿＿＿

担 ＿＿＿＿＿　　　　但 ＿＿＿＿＿

坦 ＿＿＿＿＿　　　　话 ＿＿＿＿＿

活 ＿＿＿＿＿　　　　刮 ＿＿＿＿＿

2. 找出下面词语的反义词。

Draw lines between the antonyms from these two columns of words.

（1）湿　　　　　　　　A. 假

（2）真　　　　　　　　B. 进去

（3）出来　　　　　　　C. 好看

（4）难看　　　　　　　D. 干

3. 选词填空。

Choose the correct word(s) to fill in each blank.

自觉　自然　觉得　感觉　必须

（1）你 _____ 小王怎么样?

（2）我们都是学生，_____ 应该努力学习。

（3）这孩子一点儿也不 _____，老是要爸爸妈妈管着。

（4）明天就要考试了，我现在 _____ 好好儿地复习一下。

（5）别再问了，我真的是什么 _____ 也没有。

4. 给括号里面的词选择一个合适的位置。

Choose the correct place in each sentence for the given word(s).

（1）A 女人 B 要付出更多的努力 C 才能 D 得到和男人一样的机会。（常常）

（2）随着 A 年龄的增长，B 我对 C 父母的理解 D 越来越多了。（也）

（3）不管 A 是男人还是女人，B 家庭生活 C 应该是 D 非常重要的。（都）

（4）我 A 一定要找到他，B 只有 C 他 D 才能帮助我。（因为）

5. 用括号里的词语完成句子。

Complete these compound sentences with the given word(s).

（1）只要认真去做，＿＿＿＿＿＿＿＿＿。（自然）

（2）我喜欢的人，他＿＿＿＿＿＿＿＿＿。（必须）

（3）＿＿＿＿＿＿＿＿＿，我越来越喜欢中国了。（随着）

（4）很多人都说汉语很难，那是＿＿＿＿＿＿＿＿＿。（因为）

（5）不管在什么样的家庭里，孩子都是最重要的，＿＿＿＿＿＿＿＿＿。（以……为……）

6. 请给下列句子重新排序。

Make compound or complex sentences by placing the given phrases and sentences in the correct order.

（1）A. 男人都要面对巨大的压力　　　B. 还是现代社会

　　　C. 不管是传统社会　　　　　　　D. 所以说做男人更难

　　　————————————————————

（2）A. 干好工作　　　　　　　　　　B. 而且还要像男人一样

　　　C. 女人不但要当好贤妻良母　　　D. 感受工作中的酸甜苦辣

　　　————————————————————

（3）A. 而在生活上女人比男人强　　　B. 但事实却不总是这样

　　　C. 在工作中男人比女人强　　　　D. 我们常常觉得

　　　————————————————————

7. 用所给的格式改写句子。

Rephrase the sentences using the pattern in the brackets.

（1）洗洗衣服很轻松嘛，你洗一下吧。（不就……嘛，你就……）

Unit
8

（2）你说过我干什么事情你都会帮忙。（不是……吗）

（3）人们都说中国是男人为中心的国家，其实，很多国家都是一样的。（以……为……）

（4）女人的压力不大，男人承受的压力非常大。（……比……得多）

（5）她终于不伤心了，从痛苦中走了出来。（不再）

（6）我是一个老师，我有责任帮助你考上好的大学。（作为……）

 练习三

1. 听力理解。
Listening comprehension.

根据对话，选择正确的答案：

Listen to the conversations, and then choose the correct answer to each question.

对话一

① A. 家里　　　　　　　B. 服装商店

　　C. 饭店　　　　　　　D. 公园

② A. 师生　　　　　　　B. 父女

　　C. 夫妻　　　　　　　D. 母子

③ A. 很高兴　　　　　　B. 有点儿生气

　　C. 不喜欢漂亮的衣服　D. 不喜欢说"可是"

对话二

①   A. 地位不高   B. 地位很高

        C. 地位跟男人一样   D. 地位越来越高

②   A. 学习上   B. 工作上

        C. 家庭生活上   D. 以上三个方面

③   A. 在有些地方，还有很多人不喜欢女儿。

        B. 现在，很多人家里都有两三个孩子。

        C. 对爸爸妈妈来说，男孩儿还是女孩儿变得越来越重要了。

        D. 现在的孩子都姓爸爸的姓。

2. 口语表达。

Oral practice.

（1）互相问答：你希望自己是男人还是女人？为什么？

Question and answer drill with your classmates: Have you ever wished to be a member of the opposite sex? Why or why not?

（2）分组口头辩论：男人难还是女人难？

Discuss: Is it harder to be a man or a woman?

3. 阅读理解。

Reading comprehension.

一般来说，我们总是认为男人比女人更强，可是，英国的医生经过多年的研究以后发现，男人受到的意外伤害要比女人多得多，发育不良的男孩儿也比女孩儿多 2 到 3 倍，而且，男人比女人更容易疲劳，更容易产生自杀的想法。

在工作中，男人比女人强，我们常常这样想，但事实却是——男人不能像女人那样同时做好几件事。试验表明，女人在一定的时间里，洗了碗、煮了咖啡、煎了鸡蛋等，男人却只完成了其中的一项工作。

当然，男人比女人强的地方也很多。比如，男人的方向感比女人要强得多，美国一位大学教授的试验证明了这一点。还有，男人的性欲也比女人强。确实，人的下丘脑分管性欲和性行为，男人的下丘脑是女人的 2.5 倍，"性欲中心"也比女人大一倍。但奇怪的是，调查表明，抱怨丈夫性欲太强的女人日益减少，对丈夫性能力表示不满的女人却日益增多。

补充词语：

Supplementary words:

（1）	研究	yánjiū	research, study
（2）	意外	yìwài	unexpected, unforeseen
（3）	伤害	shānghài	to harm, to injure
（4）	发育	fāyù	growth, development
（5）	倍	bèi	times, fold
（6）	疲劳	píláo	tired, fatigued
（7）	试验	shìyàn	test, experiment
（8）	表明	biǎomíng	to show, to indicate
（9）	煎鸡蛋	jiānjīdàn	fry an egg
（10）	证明	zhèngmíng	to prove, to testify
（11）	性欲	xìngyù	sexual desire
（12）	下丘脑	xiàqiūnǎo	hypothalamus
（13）	抱怨	bàoyuàn	to complain, to grumble

| （14）日益 | rìyì | increasingly; day by day |
| （15）减少 | jiǎnshǎo | to decrease, to reduce |

根据短文，判断对错：

Decide whether these statements are true or false according to the passage above.

（1）女人想自杀的人比男人多。 　　　　　　　　　　（　　）

（2）男人比女人更容易疲劳。 　　　　　　　　　　　（　　）

（3）越来越多的女人对丈夫性欲太强表示不满。 　　　（　　）

（4）女人的方向感比男人弱。 　　　　　　　　　　　（　　）

（5）女人的下丘脑比男人大。 　　　　　　　　　　　（　　）

（6）在同样的时间里，女人完成的工作更多。 　　　　（　　）

（7）男性更容易受伤。 　　　　　　　　　　　　　　（　　）

（8）女孩更容易发育不良。 　　　　　　　　　　　　（　　）

4. 语段写作。

Writing exercise.

根据辩论情况，写出自己对男人难还是女人难的看法。

After a debate, write down your opinions on whether it is harder to be a man or a woman.

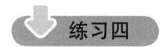

Needlework by Women

Textiles and embroideries are typical examples of needlework made by women in China. Threading a needle, sewing and making clothes are all basic skills that women needed to master in traditional Asian society. In modern society, needlework has become a form of art. If students are interested, they can try threading a needle, sewing clothes, making Chinese knots and cross-shaped embroideries with the help of the teacher.

Unit 9

Dīngkè Yì Zú
丁克 一族
DINK Family

 练习一

1. 朗读下列词语。
Read aloud the following words and phrases.

作家	画家	文学家	音乐家
旅行家	歌唱家	更改	改变
变更	变化	转化	转变
三口之家	枫叶之国	文化之都	戏剧之乡
苹果之乡			

2. 替换对话。
Substitution drills.

（1）A：怎么，<u>老公</u>想要？

B：<u>老公</u>倒没什么，<u>老爸、老妈</u>实在难对付。

小王	玩儿	小王	小张、小赵
女友	去	女友	她的那些朋友们
老爸	来看你	老爸	老妈

（2）A：那不是很好吗？

B：好什么呀！

他	聪明	聪明
这件衬衫	便宜	便宜
那个问题	容易	容易
你们家	热闹	热闹

（3）A：有那么严重？

B：可不是。

胖
漂亮
难
无聊

（4）A：我们只好给他们生一个。

B：这一下，他们该高兴了吧！

给	买几个	满意
给	画几张	高兴
跟	一起去	满意
为	去努力	没话说
给	一点儿颜色看看	回心转意

练习二

1. 辨字组词。

Fill in the blanks to form words or phrases.

须 _____ 烦 _____

转 _____ 传 _____

族 _____ 旅 _____

痛 _____ 通 _____

论 _____　　　　　　　轮 _____

2. 找出下面词语的反义词。

Draw lines between the antonyms from these two columns of words.

（1）冷清　　　　　　A. 有趣

（2）安心　　　　　　B. 幸福

（3）乏味　　　　　　C. 开始

（4）痛苦　　　　　　D. 热闹

（5）结束　　　　　　E. 不安

（6）付出　　　　　　F. 得到

3. 选词填空。

Choose the correct word(s) to fill in each blank.

冷清　　清静　　安静

（1）自从孩子出国以后，家里只有两位老人，实在是太 _____ 了。

（2）教室里一点儿声音也没有，真是 _____ 极了！

（3）我到这儿来，就是想 _____ 一下，没想到你们又都跑了过来。

痛苦　　无聊

（4）看他那伤心的样子，我真的也觉得很 _____。

（5）这几天没什么事儿，觉得很 _____。

安心　　放心　　关心　　担心

（6）请爸爸妈妈 _____，我一定会好好儿地做。

Unit
9

（7）别 _____ ，我会回来的。

（8）老师和同学们都很 _____ 我，我真的要好好儿地谢谢他们。

（9）天天都吵得要死，让我怎么能 _____ 地看书！

4. 给括号里面的词选择一个合适的位置。

Choose the correct place in each sentence for the given word.

（1）A 发音 B 没什么，C 就是汉字实在 D 太难写了。（倒）

（2）他 A 突然 B 走 C 我的面前，悄悄地说："我爱 D 你！"（到）

（3）这其实也 A 可以说是 B 一个 C 方面的 D 问题。（另）

（4）A 这个地方 B 实在太冷了，C 我 D 决定还是回洛杉矶去住。（由于）

5. 用所给的词或短语完成句子。

Complete the sentences with the given words or phrases.

（1）一方面，他很喜欢这里的工作环境；_____。（另一方面）

（2）这些压力大多数是 _____。（来自）

（3）他们一直不想要小孩儿，可是最近，突然 _____。（回心转意）

（4）我本来不想学习汉语的，可爸爸说会说汉语就可以找到一个好一点儿的工作，_____，我就来上汉语课了。（为了）

（5）_____，我终于考上了这所著名的大学。（由于）

6. 仿照例句，用"自然而然"改写下面的句子。

Rephrase these sentences using 自然而然 **according to the example.**

例：他们很自然地做出了新的选择。

→他们自然而然地做出了新的选择。

（1）待的时间长了，当然就会生出很多感情来。

（2）观念变了，生活方式当然也会跟着改变。

（3）他们俩整天待在一起，互相爱上对方也是很自然的事情。

（4）随着网络的发展，上网自然就成了我们生活的一个重要内容。

7. 用所给的词填空。

Fill in the blanks using the given words.

回心转意　赚　结婚　担心　觉得　现象　打算　生　压力　坚持　年轻

在中国的首都北京，每十对夫妻中最少就有一对不　（1）　生孩子。这可能是由于生孩子会带来某些问题，比如经济方面的问题等。当然，这种　（2）　更多地出现在刚刚　（3）　不久的年轻夫妻中。这些　（4）　的夫妻，很多都是大学刚毕业，他们　（5）　照看孩子实在是太难了。他们要工作，要　（6）　钱，要买车，要买房子，就是不要　（7）　孩子。这种现象已经让有些人感到不安了，他们认为，不生孩子会给社会带来很多问题。不过，也有人认为一点儿也不用　（8）　，因为很多年轻的丁克家庭都很难　（9）　到最后。这一方面是因为社会、家庭对他们还是有一定的　（10）　；另一方面，他们自己在情感上也有需要，所以，结婚几年以后，很多人都　（11）　，重新回到已经成为新传统的三口之家的家庭生活中去。

8. 用括号里的词或短语改写句子。

Rephrase the sentences using the words and phrases in the brackets.

（1）他就是非常有名的篮球明星乔丹。（大名鼎鼎）

（2）就这么一双简简单单的筷子，我却怎么也不会用。（对付）

（3）家里只有我一个人，整天也没什么人气，真的很寂寞。（冷冷清清）

（4）来到中国以后，我的汉语很自然地就学好了。（自然而然）

（5）她最后明白了这么一个道理：爱就是付出。（终于）

 练习三

1. 听力理解。

Listening comprehension.

根据对话，选择正确的答案：

Listen to the conversations, and then choose the correct answer to each question.

对话一

① A. 因为小吴是大名鼎鼎的丁克族长。

B. 因为昨天我在医院见到了她。

C. 小吴的父母告诉我的。

D. 小吴爱人的父母告诉我的。

② A. 她的丈夫想要。　　　　B. 她的父母想要。

C. 她丈夫的父母想要。　　D. 她和丈夫的父母都想要。

③ A 经常不敢回家。　　　　B. 不到小吴的家里去。

C. 常常住在小吴的家里　　D. 常在小吴的面前说别人的孩子。

对话二

① A. 40 岁　　　　　　　　B. 34 岁

C. 43 岁　　　　　　　　D. 37 岁

② A. 十几年　　　　　　　B. 二十几年

C. 三十几年　　　　　　D. 四十几年

③ A. 社会的压力　　　　　B. 父母的要求

C. 丈夫的要求　　　　　D. 自己的情感需要

2. 口语表达：

Oral practice.

（1）互相问答：你觉得自己一个人生活好还是结婚好？为什么？

Question and answer drill with your classmates: Do you think it is better to be single or to be married? Why?

（2）讨论：不生孩子好不好？为什么？

Discuss: Is it good or bad not to have children? Why?

3. 阅读理解。

Reading comprehension.

41岁的王先生和34岁的赵小姐结婚已经五六年了，他们在旧金山和上海有多所房子，却没有一个小孩儿。

"要一个孩子对我们来说实在是太奢侈了，虽然我们商量过很多次。"在上海一家电脑公司工作的王先生说："我们一个在上海，一个在旧金山，一年见面的时间加起来还不到100天。"

要孩子，还是要事业？中国的年轻家庭正面对新的选择。一项最新调查表明，人们对生孩子的意义还像以前一样抱肯定的态度。关于生孩子的目的，按比例从高到低排列是："组成完整家庭"、"带来快乐和爱"、"让父母高兴"、"维系夫妻关系"、"传宗接代"，等等。

这项调查还表明，"影响精力"（25.4%）、"影响经济能力"（18.6%）"影响工作"（16.7%）、和"影响两人世界"（13.6%）等等原因，使生孩子变得越来越让人害怕。

复旦大学的一位教授认为：中国"丁克家庭"越来越多，不结婚而住在一起的现象增加，选择自己一个人生活的人越来越多，离婚变得越来越容易。这些变化表明，孩子在维系家庭关系上的作用变得越来越小。

补充词语：

Supplementary words:

（1）奢侈	shēchǐ	luxurious, extravagant
（2）事业	shìyè	career
（3）表明	biǎomíng	to show, to indicate
（4）意义	yìyì	significance
（5）态度	tàidù	attitude

（6）目的	mùdì	purpose, goal
（7）组成	zǔchéng	to form, to compose
（8）完整	wánzhěng	complete
（9）维系	wéixì	hold together; to maintain
（10）传宗接代	chuánzōng-jiēdài	produce an heir to carry on the family line
（11）精力	jīnglì	energy, vigor
（12）害怕	hàipà	be scared; to fear
（13）作用	zuòyòng	function, role
（14）旧金山	Jiùjīnshān	San Francisco

根据短文，选择对错：

Decide whether these statements are true or false according to the passage above.

（1）王先生有房子，没孩子。　　　　　　　　　　　　（　　　）

（2）王先生的妻子常常在旧金山。　　　　　　　　　　（　　　）

（3）人们认为"传宗接代"是生孩子的最重要的目的。　（　　　）

（4）孩子在维系中国家庭关系上的作用变得越来越小。　（　　　）

（5）现在，在中国，离婚已经变得不像以前那么难了。　（　　　）

（6）王先生他们从来也没想过要生孩子。　　　　　　　（　　　）

Unit
9

4. 语段写作。

Writing exercise.

请谈谈你对"丁克"的看法。

Write a paragraph discussing your opinion on the DINK lifestyle.

 练习四

Chinese grandparents

In China, grandparents often treat their grandchildren with more care than the parents do. When their grandchildren are young, grandparents give them traditional gifts, such as tiger-shaped shoes, Chinese baby aprons, bracelets and long-life locks. Teachers can introduce other such gifts with deep cultural connotations.

Unit 10

Jiǎn jiǎn dān dān
简 简 单 单
Simple Is Best

 练习一

1. 朗读下列词语。

Read aloud the following words and phrases.

发呆	发笑	发火	发疯
不论	不管	无论	无论如何
不管怎样	无论好坏	不论男女	怕黑
怕热	怕冷	怕输	怕胖
简简单单	地地道道	快快乐乐	健健康康
采菊东篱下	悠然见南山		

2. 替换对话。

Substitution drills.

（1）A：你喜欢<u>吃</u><u>西餐</u>吗？

B：<u>西餐</u>有什么好<u>吃</u>的？

喝可乐	可乐	喝
看广告	广告	看
逛超市	超市	逛

Unit
10

（2）A：你想吃<u>哪家</u>，咱们就吃<u>哪家</u>。

B：我无所谓，都听你的。

买什么	买什么
去哪儿	去哪儿
请谁吃饭	请谁吃饭

（3）A：我们<u>去吃火锅</u>怎么样？

B：大<u>热</u>天的，<u>吃什么火锅</u>呀？

去喝酒	晚上	喝什么酒
去唱歌	清早	唱什么歌
一起做作业	周末	做什么作业

 练习二

1. 辨字组词。

Fill in the blanks to form words or phrases.

发 _____   反 _____

失 _____   夫 _____

烧 _____   烤 _____

花 _____   华 _____

植 _____   机 _____

逃 _____   追 _____

递 _____

2. 为下面的词语选择合适的搭配。

Draw lines between the adjectives and the appropriate nouns.

（1）失望的　　　　　A. 工作

（2）繁华的　　　　　B. 心情

（3）拥挤的　　　　　C. 城市

（4）新鲜的　　　　　D. 环境

（5）有机的　　　　　E. 空气

（6）宁静的　　　　　F. 蔬菜

（7）理想的　　　　　G. 污染

（8）自然的　　　　　H. 交通

（9）工业的　　　　　I. 农村

3. 选词填空。

Choose the correct word(s) to fill in each blank.

　　　　然而　　　反而

（1）他不但不听我的劝告，_____闹得更厉害了。

（2）我和他是多年的同事，_____我对他的内心想法并不了解。

　　　　因此　　　所以

（3）因为我非常喜欢汉语，_____我决定到北京来学习。

（4）一连下了几天大雨，但由于早有准备，_____没有造成太大的灾害。

4. 给括号里面的词选择一个合适的位置。

Choose the correct place in each sentence for the given word.

（1）A 我们大家 B 都能去，为什么 C 他一个人 D 不能去？（偏偏）

（2）A 那七颗星，连 B 像 C 一把勺子 (sháozi, spoon)，叫 D 做北斗星。（起来）

（3）A 吃什么，B 我都行，C 你想吃什么 D 就吃什么。（至于）

（4）A 只要是学生，B 是中国 C 还是外国学生，D 谁都可以参加。（无论）

（5）在网上 A 买 B 东西很方便，C 直接送到 D 家。（快递）

5. 请给下列句子重新排序。

Make compound or complex sentences by placing the given phrases or sentences in the correct order.

（1）A. 可是他女朋友吃素　　B. 他只好也吃素了

　　　C. 为了女朋友　　　　　D. 他是无肉不欢

　　　_____

（2）A. 万小山辞掉了北京的工作

　　　B. 孩子长大后又要回到农村生活

　　　C. 他父母无论如何也想不明白

　　　D. 为什么好不容易才变成"城里人"

　　　_____

（3）A. 还是拥挤的交通

　　　B. 都让小山觉得城里的生活太累了

　　　C. 无论是越来越高的房价

　　　D. 以及糟糕的环境

　　　_____

（4）A. 而是另外一种回家　　B. 对他来说，并不是一种逃离

　　　C. 把家搬到农村去　　　D. 实际上，小山是在农村长大的

　　　_____

（5）A. 正在发生巨大的变化

　　B. 一方面，城市在长大

　　C. 另一方面，农村在消失

　　D. 今天的中国

_____

6. 仿照例句，用"说了算"改写下面的句子。

Rephrase these sentences using 说了算 **according to the example.**

例：你请客，吃什么我们听你的。

→你请客，吃什么你说了算。

（1）你自己的钱，你想买什么东西你自己决定。

（2）妈妈每天都要问儿子晚饭吃什么。

（3）这件事儿我不管，怎么办你得问我们领导。

（4）明天是你的生日了，你想要我给你买什么生日礼物？

7. 用所给的词填空。

Fill in the blanks using the given words.

Unit 10

| 因此 | 偏偏 | 然而 | 地道 | 羡慕 | 种植 | 无论 | 长大 |

很多人都 ___（1）___ 小山有一个好父母，他父母把家从农村搬到了城市，让小山过上了城里人的生活。可是小山 ___（2）___ 不这么想，他觉得城里的生活并

不快乐。 （3） 是越来越高的房价还是拥挤的交通，都让他活得很累。他想了想，最快乐的还是小时候在农村的生活。蓝蓝的天，绿绿的水，还有一起 （4） 的小伙伴们。 （5） ，他决定辞职。 （6） 老家河北是回不去了，那里已经快变成北京的工业新区了。他打算去云南大理租一片农场 （7） 有机蔬菜，当一个 （8） 的农民，既活得轻轻松松，又有一定的经济来源。

8. 用括号里的词或短语改写句子。

Rephrase the sentences using the words and phrases in the brackets.

（1）你怎么就喜欢上了她呢？真是不明白。（偏偏）

（2）小山都三十多了，还没结婚，父母很着急。（让）

（3）他和妻子结婚后一直没要孩子，主要是觉得很麻烦。（怕）

（4）现在大学毕业不好找工作，你不如继续读研究生吧。（干脆）

（5）城市让生活变得更加便利，但是同时也给生活带来更大压力。（一方面……另一方面……）

 练习三

1. 听写练习。

Listening comprehension.

同学分别介绍"我的家乡"。其他同学认真听，填写下面的调查表。

Students are asked to introduce their hometowns one by one while the others listen carefully and fill out the following survey table.

同学的姓名	家乡在哪儿？	农村还是城市？	父母还在不在家乡？
当地的风景怎么样？	当地的经济怎么样？	当地的文化有什么特别的地方？	以后打算不打算回老家生活？

2. 口语表达。

Oral practice.

辩论：城市是不是让生活更美好？

Debate: Can cities make life better?

Unit
10

3. 阅读理解。

Reading comprehension.

现在，如果你在餐桌上碰到某位女性说"我吃素"，这已经不会让人觉得奇怪了。目前，素食在世界上越来越流行，特别是在女性中。据统计，在发达国家的女性中，素食者占 10%，吃素已经成为一种时尚。许多人认为，素食能减肥，预防疾病，而且可以避免动物性食品的许多污染。

然而，素食者可能比非素食者更容易发生某些营养缺乏的问题，如缺乏铁、锌和维生素 B12 等。其中，不肯吃鸡蛋和牛奶的"严格素食者"危险性更大。在食物中，肉类、内脏和动物血是铁的最佳来源，而素食中的铁很难被人体吸收；锌在动物性食物当中比较丰富而且吸收率高；维生素 B12 则只存在于动物性食品（包括蛋和奶）、菌类食品和发酵食品中，一般素食不含这种维生素。如果缺乏铁和维生素 B12，造血功能便会出现问题，让人身体衰弱。由于生理的原因，与男性相比，女性对铁和 B12 的需求更大，因此饮食中要特别注意铁和维生素 B12 的供应。

实际上，无论吃什么，合理搭配饮食、保证营养供应才最重要。因为健康的身体是我们学习、工作和生活的基础。

补充词语：

Supplementary words:

（1）	统计	tǒngjì	statistics
（2）	预防	yùfáng	to prevent
（3）	避免	bìmiǎn	to avoid
（4）	营养	yíngyǎng	nutrition
（5）	锌	xīn	zinc
（6）	维生素	wéishēngsù	vitamin

（7）内脏	nèizàng	internal organs
（8）吸收	xīshōu	to absorb
（9）功能	gōngnéng	function
（10）生理	shēnglǐ	physiology
（11）供应	gōngyìng	supply
（12）搭配	dāpèi	to match
（13）基础	jīchǔ	basis

根据短文，判断对错。

Decide whether these statements are true or false according to the passage above.

（1）吃素可以让人更加长寿。 （　　）

（2）严格素食者不喝牛奶。 （　　）

（3）吃动物血对人的造血功能有帮助。 （　　）

（4）一般素食中没有维生素 B12。 （　　）

（5）无论吃什么，都要注意合理搭配饮食。 （　　）

（6）女性更应该多吃肉。 （　　）

4. 语段写作。
Writing exercise.

绿色生活

Green life

Unit
10

Classification of garbage

Classifying garbage not only helps to protect the environment, but also conserves resources. Students can hold an exhibition by using and classifying the garbage in their homes and introduce their experience.

Unit 11

"生" 与 "死"

Life and Death

 练习一

1. 朗读下列词语。

Read aloud the following words and phrases.

国界	边界	医学界	自然界
文化界	科学界	浪费时间	浪费金钱
浪费资源	浪费人力	减少痛苦	减少麻烦
减少人数	增加痛苦	增加麻烦	增加人数
人士	女士	男士	护士

绅士（shēnshì, gentleman）

2. 替换对话。

Substitution drills.

（1）A：朋友们谁不夸你们孝顺？

B：孝顺什么呀？

聪明	聪明
勤奋	勤奋
做得好	好

Unit
11

（2）A：只要一开口，他就<u>骂</u>我们<u>是</u><u>不孝子</u>。

B：<u>骂</u>就让他<u>骂</u>呗。

说	是坏孩子	说	说
骂	是穷鬼	骂	骂
说	不勤奋	说	说
说	工作不努力	说	说

（3）A：那你们就好好地<u>劝劝</u>呗。

B：还<u>劝</u>呢，我们哪开得了口啊？

说说	说
管管	管
指导一下	指导

 练习二

1. 为下列语素组词（越多越好）。

List all the words you know that contain these prefixes or suffixes.

一界

一家

一星

一者

一性

一方

一际

一化

双一

同一

中一

2. 选词填空。

Choose the correct word(s) to fill in each blank.

使用　　利用　　有用

（1）这本书真的很_____，我就买它吧。

（2）_____这种设备的人很多。

（3）我一定要好好地_____这次机会。

效果　　结果

（4）这种药_____不错，吃了以后我的病马上就好了。

（5）他们已经讨论了很长时间了，可一直没有_____。

（6）说来说去，_____连自己也给说糊涂了。

资源　　资金

（7）我很想开一家公司，可没有_____，你能不能帮帮我？

（8）这个国家人口少，面积大，自然_____非常丰富。

3. 给括号里面的词选择一个合适的位置。

Choose the correct place in each sentence for the given word.

（1）没过 A 多久 B，张经理和来访问 C 的客人们也都赶 D 上来。（了）

（2）我觉得 A 人都不应该 B 选择 C 使用安乐死的办法来结束自己的 D 生命。（任何）

（3）A 几乎 B 人 C 都 D 认为这的确是一个好办法。（所有）

（4）我们大家都 A 觉得 B 考试时 C 不应该 D 学生使用辞典。（禁止）

Unit
11

4. 组词成句。

Make a sentence by placing the given words in the correct order.

（1） 谁　朋友们　你们　夸　孝顺　不

（2） 我　你　打听到　打电话　通知　以后　了　马上　就

（3） 上课　看　时候　他　的　地　常常　武侠小说　偷偷

（4） 他　他　我　明天　要　也　让　去　一下　找　无论如何

（5） 没日没夜　　看书　　这孩子　地　只　知道

5. 仿照例句，用"打听"改写下面的句子。

Rephrase these sentences using 打听 according to the example.

例：我去问一下，看看谁知道。

　　→我去打听一下，看看谁知道。

（1）我去帮你问一问，也许有人知道。

（2）你去问问老师，看看他知道不知道。

（3）我有点儿怕，真的不知道应该去问谁。

（4）我也不知道谁有这个东西，不过，我可以帮你问一下。

6. 用所给的词填空。

Fill in the blanks using the given words.

> 不治之症　　无精打采　　手术　　年纪　　安乐死　　听说　　打听　　劝

最近，张天总是＿＿(1)＿＿的，一问才知道，原来他们家的老爷子想＿＿(2)＿＿。这老爷子，＿＿(3)＿＿这么大了，还挺赶时髦（shímáo, fashionable; stylish）的呢。不过，也难怪，得了＿＿(4)＿＿，疼起来那么难受，谁受得了呢？

我让张天好好地劝劝老爷子，可张天说，他们根本没办法＿＿(5)＿＿，因为只要他们一开口，老爷子就骂他们是不肖子。这件事儿还真是挺难办。不过，我倒＿＿(6)＿＿有一种叫做安乐活的手术，对老爷子这样的病人来说可能更有用。但是，我也不知道在哪儿能做这种＿＿(7)＿＿。我准备回去帮张天＿＿(8)＿＿一下。

7. 用括号里的词或短语改写句子。

Rephrase the sentences using the words and phrases in the brackets.

（1）你最近总是有气无力的，怎么回事？（无精打采）

（2）飞机票那么贵，我们这些穷学生坐不起飞机啊？（哪 V 得了）

（3）咱们俩都这么熟了，别那么客气。（谁跟谁，干吗）

（4）我却听说有一种学习汉语的方法挺好的。（倒是）

（5）差不多所有的人都认为应该禁止实施考试法。（几乎）

 练习三

1. 听力理解。
Listening comprehension.

（1）根据对话，选择正确的答案：

Listen to the conversation, and then choose the correct answer to each question.

① A. 望山　　　　　　　B. 黄山

　　C. 饭店　　　　　　　D. 王山

② A. 看日出　　　　　　 B. 找宾馆

　　C. 拍照　　　　　　　D. 看山

③ A. 能　　　　　　　　 B. 不能

（2）根据听到的内容，回答下面的问题：

Listen to the recording, and then answer the following questions.

①"我"这几天怎么样？

②"我"为什么这么烦？

③我们愿意不愿意让爸爸"安乐死"？

④我们劝老爷子的时候，老爷子怎么样？

⑤"我"今天在路上遇到了谁？

⑥他告诉我有什么样的手术？

⑦这种手术有用吗？

⑧请复述一下你听到的内容。

2. 口语表达。
Oral practice.

（1）互相问答：你认识的人里面有没有病重的老人？他们是怎么看待死亡的？

Question and answer drill with your classmates: Do you know an elderly person who is seriously ill? What do they think about dying?

（2）讨论：你认为是否应该实施安乐死？为什么？

Discuss: Do you think euthanasia should be legalized? Why or why not?

3. 阅读理解。
Reading comprehension.

"安乐死"在荷兰合法化

[新华社 2002 年 4 月 1 日上午电] 荷兰议会去年通过的"安乐死"法案在 4 月 1 日正式生效,荷兰成为世界上第一个将"安乐死"合法化的国家。

去年 4 月 10 日，荷兰议会上院以多数票通过"安乐死"法案，规定 12 岁以上的病人在身患不治之症、难以接受痛苦的治疗的情况下，在考虑成熟后，可以自愿向医生提出以"安乐死"的方式结束自己的生命；其主治医生则必须就病人的要求至少征询一位其他医生的意见，并同病人讨论除"安乐死"之外挽救生命的其他方法。当所有的努力都不可能时，才可以实施"安乐死"。法案规定，实施"安乐死"必须使用医学方法，或者由主治医生向病人发放药物，由病人自己吃药来结束生命；或者由主治医生使用药物，帮助病人结束生命。

补充词语：

Supplementary words:

（1）	议会	yìhuì	congress
（2）	法案	fǎ'àn	bill
（3）	生效	shēngxiào	take effect
（4）	成为	chéngwéi	to become
（5）	将	jiāng	be going to
（6）	患	huàn	suffer from
（7）	治疗	zhìliáo	medical treatment
（8）	成熟	chéngshú	mature
（9）	自愿	zìyuàn	voluntarily
（10）	主治	zhǔzhì	(doctor) in charge
（11）	征询	zhēngxún	to consult
（12）	意见	yìjiàn	opinion
（13）	方法	fāngfǎ	method
（14）	发放	fāfàng	hand out

（15）药物	yàowù	medicine
（16）新华社	Xīnhuá Shè	Xinhua News Agency

根据短文，判断对错：

Decide whether these statements are true or false according to the passage above.

（1）"安乐死"法案是荷兰议会在 2002 年通过的。 （　　）

（2）荷兰是世界上第一个把"安乐死"合法化的国家。 （　　）

（3）荷兰"安乐死"法案规定：只有 12 岁以上的病人才可以实施安乐死。

（　　）

（4）实施安乐死可以由病人的主治医生自己决定。 （　　）

（5）实施安乐死只能使用医学的方法。 （　　）

（6）主治医生可以使用药物帮助病人结束生命。 （　　）

4. 语段写作：

Writing exercise.

请谈一下你对安乐死的看法。

Write a paragraph discussing your opinions about euthanasia.

Unit
11

Paper-crafts

In traditional Chinese society people would often make paper effigies of vehicles, horses, or other items which are then burned as offerings to deceased relatives; the paper-crafts are burned so that the deceased may use them in the afterlife.

Paper-crafts are not only used for funerals but also in daily life; a typical example is the lantern, which is not hard to make. Bamboo or iron wires are used to make a framework for the lantern, over which paper is pasted. Students can try to make a lantern with the help of the teacher.

Unit 12

Rùxiāng-suísú

入 乡 随俗

When in Rome

 练习一

1. 朗读下列词语。

Read aloud the following words and phrases.

往往	常常	往常	师生之间
父子之间	母女之间	两国之间	老师和学生之间
父母和子女之间	国家和国家之间	日益增加	日益减少
日益发展	日益提高	若干年	若干时间
若干问题	若干想法		

 练习二

1. 组词。

Fill in the blanks to form words and phrases.

生 _____   现 _____

出 _____   爱 _____

发 _____   同 _____

不 _____   感 _____

可 _____

Unit
12

2. 为下面的动词选择合适的搭配。

Draw lines between the verbs and the appropriate objects.

（1）犯　　　　　　　　A. 白日梦

（2）布置　　　　　　　B. 生活

（3）打听　　　　　　　C. 问题

（4）发展　　　　　　　D. 错误

（5）解决　　　　　　　E. 经济

（6）享受　　　　　　　F. 消息

（7）做　　　　　　　　G. 任务

3. 选词填空。

Choose the correct word(s) to fill in each blank.

表演　表示　表现　表明　表达

（1）东西方文化的差异，在家长教育子女的方式上，＿＿＿＿＿＿得特别明显。

（2）调查＿＿＿＿＿＿：大多数人都希望自己能中大奖。

（3）她朋友是个演员，每天都要＿＿＿＿＿＿，挺辛苦的。

（4）对您的热情帮助，我们＿＿＿＿＿＿十分的感谢！

（5）他心里有很多话，可是用汉语＿＿＿＿＿＿不出来。

4. 给括号里面的词选择一个合适的位置。

Choose the correct place in each sentence for the given word.

（1）最近 A 几年，B 来 C 澳大利亚的留学生一直 D 在不断增加。（自）

（2）A 在中国的时候，B 谁 C 来买香烟她 D 可以卖。（都）

（3）A 1998 年以来 B，C 我们就 D 一直住在温哥华。（自）

（4）我们 A 都不知道为什么，他 B 每天要工作到 C 那么晚 D 睡觉。（才）

（5）A 他们俩 B 的很多 C 事儿 D 往往是说不清楚的。（之间）

5. 请给下列句子重新排序。

Make compound or complex sentences by placing the given phrases or sentences in the correct order.

（1）A. 大多数护士认为　　　　　　　　B. 最好让法官去实施

C. 而不应该让医生去做　　　　　D. 如果"安乐死"合法化

_____

（2）A. 对于得了不治之症的病人来说

B. 差不多所有的人都认为

C. 减少他们的痛苦是最重要的

D. 调查表明

_____

（3）A. 在学校和社会的影响下

B. 他们到了西方国家以后

C. 大多数华裔女性的孩子却和她们不同

D. 比家长们更容易接受西方文化

_____

（4）A. 我不喜欢旅行　　　　　　　　B. 可我并不那么想

C. 因为我觉得旅行完全是花钱受累　D. 大家都说旅行好

_____

（5）A. 一方面　　　　　　　　　　　B. 另一方面

C. 离婚的人越来越多　　　　　　D. 结婚的人也日益增长

_____

Unit
12

6. 用所给的词填空。

Fill in the blanks using the given words.

典型　若干　发展　不断　担心　遇到　选择　机会　同样　仍旧　实现

　　__(1)__ 年来，我一直在 __(2)__ 地努力学习汉语。可是，不知为什么我的汉语总是说不好，__(3)__ 没有什么提高。

　　现在好了，我马上就能 __(4)__ 自己的梦想了：学校给了我一个去中国留学的 __(5)__ 。不过，我还要在北京大学和复旦大学之间做一个 __(6)__ 。我知道，北京是一个非常 __(7)__ 的中国城市，但是，我听说上海也很不错。上海的经济 __(8)__ 得很快，城市的变化也很大。

　　当然啦，我也有点儿 __(9)__ 。你看，来我们这儿的许多中国人都 __(10)__ 了一些文化上的问题，不知我会不会有 __(11)__ 的问题呢？

7. 用括号里的词或短语改写句子。

Rephrase the sentences using the words and phrases in the brackets.

　　（1）那些母亲们更加希望自己的子女能够保持他们自己国家的文化传统。（特别是……更是……）

　　（2）受老师的影响，我们班的许多同学都决定去中国留学。（在……下）

　　（3）他也不问问原因就把我大骂了一顿，这让我很委屈。（……的是……）

　　（4）我是在美国出生的，也是在美国长大的，不过，我的爸爸妈妈仍旧说我们是中国人。（虽然……，……，可……）

（5）最近几天，我一直觉得很烦：我最好的朋友竟然不理解我，还说我本来就不应该那么做，真是气死我了！（连……都……）

练习三

1. 听力理解。
Listening comprehension.

（1）根据对话，选择正确的答案：

Listen to the conversations, and then choose the correct answer to each question.

对话一

① A. 认为汉语不难　　　　B. 认为汉语很难

对话二

① A. 网吧　　　　　　　B 饭馆儿

　　C. 咖啡馆儿　　　　　D. 教室

② A. 肉丝　　　　　　　B. 鱼

　　C. 酸辣汤　　　　　　D. 米饭

对话三

① A. 饭馆儿　　　　　　B. 教室里

　　C. 公共汽车上　　　　D. 出租汽车上

② A. 一张　　　　　　　B. 两张

　　C. 三张　　　　　　　D. 四张

Unit
12

③ A. 南京　　　　　　B. 汽车站

　　C. 市政府　　　　　D. 市中心

（2）根据听到的内容，回答下面的问题：

Listen to the recording, and then answer the following questions.

① "打是亲，骂是爱" 这句话有没有一点儿道理？

② "打是亲，骂是爱" 这句话主要是对谁来说的？

③ 想到 "打是亲，骂是爱" 这句话的时候，我担心什么呢？

④ 中国人说的 "打是亲，骂是爱"，真的是指狠狠地打骂吗？

2. 口语表达。
Oral Practice.

（1）互相问答：你去过哪些国家（地方）？你了解那儿的文化吗？

Question and answer drill with your classmates: What countries have you visited? Do you understand the cultures of these countries?

（2）讨论：你认为文化有好坏的分别吗？请谈谈你的理由。

Discuss: Can you say that a culture is good or bad? Why or why not?

3. 阅读理解。

Reading comprehension.

苏格兰：打孩子犯法！

苏格兰地方政府日前颁布了一项法令，禁止成年人对不满三岁的孩子打屁股或打耳光，就连孩子的父母也不行。除此以外，对于无论多大的孩子，以下三种体罚方式都被禁止：打孩子的头部，摇晃他们，动用皮带、拖鞋等。以后再有人在法庭上辩解说，打孩子是为了让他听话，法官是不会同意的。一个名叫"孩子打不得"的慈善组织对这项法令非常满意："应该使用法律武器，让那些受到攻击的孩子能像大人一样受到保护。我们认为，苏格兰地方政府在保护儿童方面干得不错，全英国人都应该向他们学习。"

所谓"合理惩罚"的辩解其实早就已经过时了。不过，父母们大多觉得怎么管教孩子是他们自己的事，跟政府没关系。因此，要实行这项法令，地方政府恐怕还有许多工作要做。（新华社供本报特稿 记者 宋盈）

（《新闻晚报》2002 年 4 月 1 日第 1185 期 有改动）

补充词语：

Supplementary words:

（1）犯法	fànfǎ	violate the law
（2）颁布	bānbù	to enact
（3）法令	fǎlìng	decree
（4）屁股	pìgu	butt
（5）耳光	ěrguāng	slap in the face
（6）摇晃	yáohuàng	to shake
（7）皮带	pídài	leather belt
（8）拖鞋	tuōxié	slippers

Unit
12

（9）惩罚	chéngfá	to punish
（10）法庭	fǎtíng	court
（11）辩解	biànjiě	defend for oneself
（12）慈善组织	císhàn zǔzhī	charity organization
（13）所谓	suǒwèi	so-called
（14）合理	hélǐ	reasonable
（15）过时	guòshí	out of date
（16）武器	wǔqì	weapon
（17）攻击	gōngjī	to attack
（18）新闻晚报	Xīnwén Wǎnbào	Shanghai Evening Post
（19）苏格兰	Sūgélán	Scotland

根据短文，判断对错。

Decide whether these statements are true or false according to the passage above.

（1）苏格兰法令规定，打孩子的头部和屁股都是犯法的。 （　　　）

（2）苏格兰不禁止摇晃三岁以下的孩子。 （　　　）

（3）有一个慈善组织的名字叫"孩子打不得"。 （　　　）

（4）家长都很希望政府能在管教孩子的方式上帮助自己。 （　　　）

（5）有人认为，在保护孩子方面，苏格兰地方政府在英国做得最好。

（　　　）

（6）父母不能打自己孩子的屁股。 （　　　）

4. 语段写作。

Writing exercise.

你觉得中国人说的"打是亲，骂是爱"对吗？请写出你的理由。

In your opinion, is the Chinese saying "hitting is affection and scolding is love" correct? Why or why not?

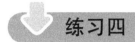 练习四

Guasha

Traditional Chinese medicine is a typical example illustrating the disparity between Chinese and Western cultures. There are great differences between traditional Chinese medicine and Western medicine in terms of their theories and treatments. For example, *guasha* is the process of curing a disease or keeping fit based on the TCM meridian theory. It refers to a medical treatment whereby a specific tool is used to scratch skin and draw blood toward the skin surface so as to improve circulation and expel toxins. Students can learn about this treatment with the help of the teacher.

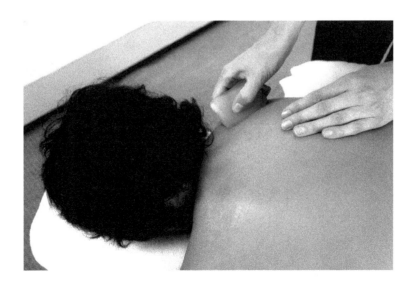

练习参考答案
Key to Exercises

Unit 1　工作的意义

练习二

1. 辨字组词：

影响　吃惊　拼命　选择　调查　确实　选择　进行　炒鱿鱼　吵吵闹闹

2. 写出下面词语的反义词：

增加—减少　强—弱　南方—北方　有意思—没意思

3. 选词填空：

(1) 什么　(2) 怎么　(3) 什么　那么　(4) 那么　那么　(5) 怎么　(6) 老是

(7) 可是　(8) 倒是

4. 给括号里的词选择一个合适的位置：

(1) B　(2) C　(3) A　(4) B　(5) A

5. 组词成句：

(1) 上海是中国受西方影响最大的城市之一。

(2) 我们准备再去北京玩玩儿。

(3) 我看你真是要钱不要命。

(4) 马克对当总统很感兴趣。

(5) 漂亮是漂亮，价钱也不贵，可是我不喜欢。

6. 仿照例句，用"干吗"改写下面的句子：

(1) 你们上个星期去纽约干吗？

(2) 这是我自己的事儿，干吗要告诉你呢？

(3) 老板干吗炒你的鱿鱼？

(4) 他也是你们老师，干吗不去问他？

7. 用所给的词填空：

(1) 本来　(2) 得　(3) 已经　(4) 干吗　(5) 总是　(6) 就是

练习三

1. 听力理解：

① ×　② ×　③ √　④ ×　⑤ √　⑥ ×

3. 阅读理解：

(1) ×　(2) √　(3) ×　(4) ×　(5) √　(6) ×　(7) ×

Unit 2　人的问题

练习二

1. 辨字组词：

失望　夫人　处理　外国　校际　标准　起来　赶快

2. 找出下面词语的反义词：

(1)—D　(2)—C　(3)—A　(4)—B

3. 选词填空：

(1) 认为　(2) 以为　(3) 以为　(4) 认为

4. 给括号里的词选择一个合适的位置：

(1) C　(2) D　(3) C　(4) C　(5) D　(6) B

5. 组词成句：

(1) 世界地图的反面是一个电影明星的照片儿。

(2) 他总是喜欢给别人出难题。

(3) 处理人际关系比搞专业难多了。

(4) 我还以为是谁呢，没想到是你。

(5) 听说你要出国了，怎么还没走啊？

6. 仿照例句，用"……得很"改写下面的句子：

(1) 老师的字写得清楚得很。

(2) 这件衣服漂亮得很，但是也贵得很。

(3) 我女儿聪明得很。

(4) 他们对这件事都满意得很。

7. 用所给的词填空：

(1) 不错　(2) 什么　(3) 很　(4) 最近　(5) 可能　(6) 得罪　(7) 就　(8) 难怪

练习三

1. 听力理解：

①D　②D　③A　④B　⑤C　⑥C

3. 阅读理解：

(1) ×　(2) ×　(3) √　(4) ×　(5) √

Unit 3　上有老下有小

练习二

1. 辨字组词：

受罪　爱人　眼神　很好　夫妻　失望　加上　另外

2. 找出下面词语的反义词：

(1) E　(2) C　(3) B　(4) A　(5) D

3. 选词填空：

(1) 老人　(2) 老年　(3) 老　(4) 老伴儿

4. 给括号里的词选择一个合适的位置：

(1) D　(2) C　(3) D　(4) B　(5) C　(6) B

5. 组词成句：

(1) 不是这儿疼，就是那儿不舒服。

(2) 你的汉语都这么好了，还上什么课哪。

(3) 春节谁不赶在除夕夜前回家？

(4) 自己一个人在家过年也过不好。

6. 仿照例句，用"还 +V+ 什么 +O+ 啊 (哪 / 呀)"的句式改写下面的句子：

(1) 我更不明白了，感情这么好，还离什么婚哪？

(2) 你已经这么有钱了，还加什么班呀？

(3) 时间来不及了，你还吃什么饭哪？

(4) 作业还没做完呢，你还看什么电影呀？

(5) 钱都丢了，还买什么东西呀？

7. 用所给的词填空：

(1) 两　(2) 俩　(3) 福气　(4) 认为　(5) 受罪

(6) 关心　(7) 带　(8) 什么　(9) 玩玩儿　(10) 忙

8. 用括号里的词或短语改写句子：

(1) 这孩子可真讨人喜欢！

(2) 我得走了，我老伴儿还在等着我呢。

(3) 别客气，想吃什么就吃什么。

(4) 我的要求并不多，可父母一次也没同意过。

练习三

1. 听力理解：

(1) ① B ② C ③ B

3. 阅读理解：

(1) ×　(2) √　(3) ×　(4) ×　(5) ×　(6) ×　(7) √　(8) ×　(9) √

Unit 4　希望

练习二

1. 辨字组词：

详细　一样　困难　推开　谁的　准备　投资　没有　顺利　一颗心

莫名其妙　炒鱿鱼　吵架　沙发

2. 选词填空：

(1) 资金　(2) 钱　(3) 好　(4) 真　(5) 好　(6) 好

3. 给括号里面的词选择一个合适的位置：

(1) D　(2) A　(3) B　(4) A　(5) C

4. 组词成句：

(1) 小王对您开饭馆儿的事儿很感兴趣。

(2) 来美国上大学的人越来越多。

(3) 肯定是女儿又惹妈妈生气了。

(4)　你一定要好好管管你们班的那些男同学。

(5) 上课的时候，小王有点儿难为情地说了一句话。

(6) 他们都瞪大了眼睛，莫名其妙地看着我。

5. 仿照例句，用"多的是"改写下面的句子：

(1) 他爸爸的钱多的是。

(2) 我们国家好玩儿的地方多的是。

(3) 现在，离婚的人多的是！

(4) 这家饭馆儿好吃的东西多的是。

(5) 在纽约，像他那样的大老板多的是。

(6) 来我们这儿学习汉语的人多的是。

6. 用所给的词填空：

(1) 参观　(2) 兴趣　(3) 一样　(4) 投资　(5) 打工

(6) 觉得　(7) 希望　(8) 困难　(9) 缺少　(10) 关心

7. 用括号里的词或短语改写句子：

(1) 我对您说的那件事儿很感兴趣，想请您详细介绍介绍。

(2) 我觉得他做这件事对您很不利。

(3) 我们最大的困难可以说是缺少资金。

(4) 我想你这几天肯定又惹爸爸妈妈生气了。

(5) 他能这么做已经算是很不错了。

(6) 我们这儿好大学多的是。

练习三

1. 听力理解：

(1) ① B　② D　③ D　④ D

3. 阅读理解：

(1) ×　(2) ×　(3) √　(4) ×　(5) ×　(6) √　(7) √

Unit 5　中奖

练习二

1. 辨字组词：

吉利　创业　赚钱　抱歉　曾经　年轻　愿望　原来

2. 选词填空：

(1) 希望　失望　(2) 愿望　(3) 已经　(4) 曾经

3. 给括号里面的词选择一个合适的位置：

(1) C　(2) B　(3) C　(4) D　(5) D

4. 组词成句：

(1) 这台空调今天下午我们会派人给您送去。

(2) 你这个人事儿怎么这么多。

(3) 反正我不喜欢这件衣服。

(4) 你是否曾经梦想过自己成为明星？

(5) 假若中了大奖，您最想干什么？

(6) 我觉得钱多不但不会带来幸福，反而会有很多麻烦。

5. 仿照例句，用"不想 + V_1 + (我) + V_2 + 干什么"的句式改写下面的句子：

(1) 不想学汉语我来中国干什么？

(2) 不想喝水拿杯子干什么？

(3) 不想看球我开电视干什么？

(4) 不想游泳买游泳衣干什么？

(5) 不想去旅游买飞机票干什么？

(6) 不喜欢你我来找你干什么？

6. 用所给的词填空：

(1) 吉利　(2) 认为　(3) 换　(4) 也许　(5) 流行

(6) 意味着　(7) 顺利　(8) 号码　(9) 当然　(10) 选择

7. 用括号里的词或短语改写句子：

(1) 假如中了大奖，您会怎么花?

(2) 我看你算了吧，什么发不发的。

(3) 不喜欢也不能扔哪!

(4) 在我们学校，从中国来的学生还不到三成。

(5) 已经决定了的事，不能随便更改。

练习三

1. 听力理解：

(1) ①D　②D　③A　④C

3. 阅读理解：

(1) ×　(2) ×　(3) ×　(4) √　(5) √　(6) ×　(7) √　(8) √

Unit 6　双塔对话

练习二

1. 辨字组词：

夜晚　挽救　世纪/纪念　记住　气氛　月份　宣布/布置　城市

祝福/福气　副词/一副笑脸

2. 找出下面词语的同义词/近义词：

(1) D　(2) G　(3) A　(4) E　(5) C　(6) F　(7) H　(8) B

3. 选词填空：

(1) 热烈　(2) 热情　热情　(3) 热烈

4. 给括号里的词选择一个合适的位置：

(1) B　(2) C　(3) D　(4) C　(5) B

5. 组词成句：

(1) 他们通过国际卫星，进行了一次一个多小时的世纪对话。

(2) 悉尼歌剧院是悉尼的标志性建筑。

(3) 两国元首通过电话互相问好，并祝福两国人民生活幸福。

(4) 大学生们谈起了新世纪的美好的明天。

(5) 中美双方的会谈是在非常友好的气氛中进行的。

6. 仿照例句，用"不管……还是……"改写下面的句子：

(1) 不管是丈夫还是妻子都觉得要孩子是件很麻烦的事。

(2) 不管是纽约还是华盛顿，我觉得都应该去看看。

(3) 不管是汉语还是英语，对外国人来说都是很难学的。

(4) 不管是离婚还是分居对孩子都没什么好处。

7. 用所给的词填空：

(1) 不错　(2) 标志　(3) 最高　(4) 世界　(5) 登　(6) 夜晚　(7) 可惜　(8) 感觉

8. 用括号里的词或短语改写句子：

(1) 虽然我们离得很远，但是，我们常常能通过电话聊天儿。

(2) 对面来了两个人，一个是男的，一个是女的。

(3) 他是个很有名的歌星，我们都很熟悉他。

(4) 在这儿上大学，每年花掉的钱不下十万。

(5) 不管在多伦多还是在上海，两座塔里的气氛都非常热烈。

练习三

1. 听力理解：

(1) 对话一：B　　对话二：D　　对话三：D　　对话四：D　　对话五：① D　② B

3. 阅读理解：

(1) ×　(2) ×　(3) √　(4) ×　(5) √　(6) ×

Unit 7　网上网下

练习二

1. 辨字组词：

猜一猜　有请　感情　清楚　抱着　跑步　泡吧　吃饱了

规则　负责　规则　很贵　大观　实现

2. 为下面的动词选择合适的搭配：

(1) —E　(2) —G　(3) —H　(4) —B　(5) —A　(6) —I　(7) —J

(8) —C　(9) —F　(10) —D

3. 选词填空：

(1) 当然　(2) 突然　(3) 自然　(4) 自然　(5) 熟练　(6) 熟悉　(7) 熟练

4. 给括号里的词选择一个合适的位置：

(1) C　(2) C　(3) A　(4) B　(5) D

5. 组词成句：

(1) 你们也不等我就吃起来了。

(2) 你当然不可能猜得出来。

(3) 我得去跟老师商量考试的事儿了。

(4) 太祖母很快就学会了。

(5) 我发现他正很投入地和一位叫明子的人聊天。

(6) 我进去的时候，她显得很慌张。

6. 仿照例句，用"别＋V了＋行不行？"改写下面的句子：

(1) 你今天别走了行不行？

(2) 请大家安静，别再说话了行不行？

(3) 你已经喝多了，别再喝了行不行？

(4) 网恋是一种游戏，别太迷恋了行不行？

7. 用所给的词填空：

(1) 上网　(2) 网上　(3) 游戏　(4) 规则　(5) 网恋　(6) 见面

(7) 真话　(8) 成功　(9) 温柔　(10) 商量　(11) 参加

8. 仿照例句，用括号里的词或短语改写句子：

(1) 她就是上大学的时候咱们班最难看的那位女同学。

(2) 如果只是不够温柔，那倒没什么。

(3) 你就别卖关子了，我们哪儿知道？

(4) 那里有很多书，想看什么就看什么。

(5) 我经常把赚钱的机会让给他。

(6) 我知道像他这样的网虫肯定不多。

練習三

1. 听力理解：

对话一：① B　② A　③ C　④ A

对话二：① B　② B　③ C

3. 阅读理解：

(1) √　(2) ×　(3) √　(4) √　(5) √　(6) ×

Unit 8　男女平等

練習二

1. 辨字组词：

漂亮　水瓢　时代　变化　观念

意思　负担　承担　但是　坦率

话题　活动　刮风

2. 找出下面词语的反义词：

(1) D　(2) A　(3) B　(4) C

3. 选词填空：

(1) 觉得　(2) 自然　(3) 自觉　(4) 必须　(5) 感觉

4. 给括号里面的词选择一个合适的位置：

(1) B　(2) D　(3) C　(4) B

5. 用括号里的词语完成句子：

(1) 自然能够做好　(2) 必须听我的话　(3) 随着我的汉语水平的提高

(4) 因为他们都不懂汉语　(5) 以孩子为中心的家庭越来越多

6. 请给下列句子重新排序：

(1) CBAD　(2) CBAD　(3) DCAB

7. 用所给的格式改写句子：

(1) 不就洗洗衣服嘛，你就洗一下呗。

(2) 你不是说我干什么事情你都会帮忙吗？

(3) 人们都说中国是以男人为中心的国家，其实，很多国家都是一样。

(4) 男人承受的压力比女人要大得多。

(5) 她终于不再伤心，从痛苦中走了出来。

(6) 作为一个老师，我有责任帮助你考上好的大学。

练习三

1. 听力理解：

对话一：① B ② C ③ B

对话二：① A ② D ③ A

3. 阅读理解：

(1) × (2) √ (3) × (4) √ (5) × (6) √ (7) √ (8) ×

Unit 9 丁克一族

练习二

1. 辨字组词：

必须 麻烦 转变 传统 民族 旅游 痛苦 通过 不论 轮流

2. 找出下面词语的反义词：

(1) D (2) E (3) A (4) B (5) C (6) F

3. 选词填空：

(1) 冷清 (2) 安静 (3) 清静 (4) 痛苦 (5) 无聊

(6) 放心 (7) 担心 (8) 关心 (9) 安心

4. 给括号里面的词选择一个合适的位置：

(1) B (2) C (3) B (4) A

5. 用所给的词或短语完成句子：

(1) 另一方面，他对这里的生活环境又不习惯

(2) 来自学生们的家长

(3) 回心转意，想要生孩子了

(4) 为了找到好点儿的工作

(5) 由于学习刻苦、努力

6. 仿照例句，用"自然而然"改写下面的句子：

(1) 待的时间长了，自然而然就会生出很多感情来。

(2) 观念变了，生活方式自然而然也会跟着改变。

(3) 他们俩整天待在一起，互相爱上对方也是自然而然的事情。

(4) 随着网络的发展，上网自然而然地就成了我们生活的一个重要内容。

7. 用所给的词填空：

(1) 打算　(2) 现象　(3) 结婚　(4) 年轻　(5) 觉得　(6) 赚

(7) 生　(8) 担心　(9) 坚持　(10) 压力　(11) 回心转意

8. 用括号里的词或短语改写句子：

(1) 他就是大名鼎鼎的篮球明星乔丹。

(2) 就这么一双简简单单的筷子，我却怎么也对付不了。

(3) 家里只有我一个人，整天冷冷清清的，真的很寂寞。

(4) 来到中国以后，我的汉语自然而然地就学好了。

(5) 她终于明白了这么一个道理：爱就是付出。

练习三

1. 听力理解：

对话一：①B　②D　③D

对话二：①C　②A　③D

3. 阅读理解：

(1) √　(2) √　(3) ×　(4) √　(5) √　(6) ×

练习二

1. 辨字组词：

发愁　反对　失望　丈夫

烧煤　烤肉　花钱　繁华

种植　有机　逃离　追求　快递

2. 为下面的词语选择合适的搭配：

(1) B　(2) C　(3) H　(4) E　(5) F　(6) I　(7) A　(8) D　(9) G

3. 选词填空：

(1) 反而　(2) 然而　(3) 所以　(4) 因此 / 所以

4. 给括号里面的词选择一个合适的位置：

(1) C　(2) B　(3) A　(4) B　(5) C

5. 请给下列句子重新排序：

(1) DACB　(2) ACDB　(3) CADB　(4) DCBA　(5) DABC

6. 仿照例句，用"说了算"改写下面的句子：

(1) 你自己的钱，你想买什么东西你自己说了算。

(2) 晚饭吃什么，儿子说了算。

(3) 这件事我不管，怎么办我们领导说了算。

(4) 明天是你的生日了，你想要我给你买什么礼物，你说了算。

7. 用所给的词填空：

(1) 羡慕　(2) 偏偏　(3) 无论　(4) 长大　(5) 因此

(6) 然而　(7) 种植　(8) 地道

8. 用括号里的词或短语改写句子：

(1) 你怎么偏偏喜欢上了她呢？真是不明白。

(2) 小山都三十多岁了，还没结婚，这让父母很着急。

(3) 他和妻子结婚后一直没要孩子，主要是怕麻烦。

(4) 现在大学毕业不好找工作，你干脆继续读研究生吧。

(5) 城市一方面让生活变得更加便利，另一方面也给生活带来更大压力。

练习三

3. 阅读理解：

(1) × (2) √ (3) √ (4) √ (5) √ (6) ×

Unit 11 "生"与"死"

练习二

1. 为下列语素组词 (越多越好)：

—界：文学界／医学界／法律界／教育界／体育界

—家：画家／文学家／艺术家／歌唱家／教育家

—星：明星／歌星／影星

—者：读着／作者／教育者／工作者／

—性：标志性／代表性／硬性

—方：对方／双方／你方／我方

—际：国际／校际／市际／人际

—化：国际化／绿化／美化／老化／进化

双—：双人／双手／双脚

同—：同学／同事／同伴／同屋

中—：中奖／中彩／中选

2. 选词填空：

(1) 有用 (2) 使用 (3) 利用 (4) 效果 (5) 结果 (6) 结果 (7) 资金 (8) 资源

3. 给括号里面的词选择一个合适的位置：

(1) D (2) A (3) B (4) D

4. 组词成句：

(1) 朋友们谁不夸你们孝顺？

(2) 我打听到了以后，就马上打电话通知你。

(3) 他上课的时候常常偷偷地看武侠小说。

(4) 他让我明天无论如何也要去找他一下。

(5) 这孩子只知道没日没夜地看书。

5. 仿照例句，用"打听"改写下面的句子：

(1) 我去帮你打听一下，也许有人知道。

(2) 你去向老师打听一下，看看他知道不知道。

(3) 我有点儿怕，真的不知道应该去向谁打听。

(4) 我也不知道谁有这个东西，不过，我可以帮你打听打听。

6. 用所给的词填空：

(1) 无精打采　(2) 安乐死　(3) 年纪　(4) 不治之症　(5) 劝　(6) 听说

(7) 手术　(8) 打听

7. 用括号里的词或短语改写句子：

(1) 你最近总是无精打采的，怎么回事？

(2) 飞机票那么贵，我们这些穷学生哪坐得了飞机啊？

(3) 咱们俩谁跟谁呀，干吗还那么客气？

(4) 我倒是听说有一种学习汉语的方法挺好的。

(5) 几乎所有的人都认为应该禁止实施考试法。

练习三

1. 听力理解：

(1) ① B　② A　③ B

3. 阅读理解：

(1) ×　(2) √　(3) √　(4) ×　(5) √　(6) √

Unit 12　入乡随俗

练习二

1. 组词：

—生：发生／产生／先生／学生／医生 生命／生活／生怕／生气／生日

—现：表现／实现／发现／出现／现代／现象／现在

—出：付出 / 提出 / 突出 / 出差 / 出发 / 出口 / 出去 出息 / 出现 / 出租 /

—爱：可爱 / 母爱 / 父爱 / 疼爱 / 爱好 / 爱情 / 爱惜

—发：出发 / 沙发 / 头发 / 发财 / 发达 / 发呆 / 发挥 / 发明 / 发票 / 发生 /
　　发现 / 发展

—同：同时 / 同事 / 同学 / 同样 / 同意

—不：不错 / 不但 / 不断 / 不管 / 不过 / 不用 / 不知 / 不利 / 不论 / 不同 /
　　不像话 / 不肖子 / 不客气

—感：感动 / 感觉 / 感情 / 感受 / 感谢 / 感兴趣

—可：可爱 / 可怜 / 可能 / 可是 / 可惜 / 可笑 / 可以

2. 为下面的动词选择合适的搭配：
(1) D　(2) G　(3) F　(4) E　(5) C　(6) B　(7) A

3. 选词填空：
(1) 表现　(2) 表明　(3) 表演　(4) 表示　(5) 表达

4. 给括号里面的词选择一个合适的位置：
(1) C　(2) D　(3) A　(4) D　(5) B

5. 请给下列句子重新排序：
(1) ADBC　　(2) DBAC　　(3) CBAD　　(4) DBAC　　(5) ACBD

6. 用所给的词填空：
(1) 若干　(2) 不断　(3) 仍旧　(4) 实现　(5) 机会　(6) 选择　(7) 典型

(8) 发展　(9) 担心　(10) 遇到　(11) 同样

7. 用括号里的词或短语改写句子：
(1) 特别是那些母亲们，更是希望自己的子女能够保持他们自己国家的文化传统。

(2) 在老师的影响下，我们班的许多同学都决定去中国留学。

(3) 让我觉得委屈的是，他也不问问原因就把我大骂了一顿。

(4) 虽然我是在美国出生的，也是在美国长大的，可我的爸爸妈妈仍旧说我们是中国人。

(5) 最近几天，我一直觉得很烦：连我最好的朋友都不理解我，还说我本来就不应该那么做，真是气死我了！

练习三

1.听力理解：

对话一：A

对话二：① B　② B

对话三：① C　② B　③ D

3.阅读理解：

(1) √　(2) ×　(3) √　(4) ×　(5) √　(6) √

责任编辑：韩　颖
英文编辑：吴爱俊　韩芙芸
封面设计：Daniel Gutierrez
插　图：笑　龙

图书在版编目（CIP）数据

《当代中文》（修订版）练习册 . 4 / 吴中伟主编 . -- 北京：华语教学出版社，2015.1
ISBN 978-7-5138-0835-4

Ⅰ . ①当… Ⅱ . ①吴… Ⅲ . ①汉语 – 对外汉语教学 – 习题集 Ⅳ . ① H195.4

中国版本图书馆 CIP 数据核字 (2014) 第 286277 号

《当代中文》修订版
练习册
4
主编　吴中伟
*
© 孔子学院总部 / 国家汉办
华语教学出版社有限责任公司出版
（中国北京百万庄大街 24 号　邮政编码 100037）
电话：(86)10-68320585, 68997826
传真：(86)10-68997826, 68326333
网址：www.sinolingua.com.cn
电子信箱：hyjx@sinolingua.com.cn
新浪微博地址：http://weibo.com/sinolinguavip
北京京华虎彩印刷有限公司印刷
2003 年（16 开）第 1 版
2015 年（16 开）修订版
2015 年修订版第 2 次印刷
（汉英）
ISBN 978-7-5138-0835-4
定价：29.00 元